SOPHIA LOREN

The quintessence of being an
Italian woman

Marinella Carotenuto

SOPHIA LOREN

The quintessence of being an
Italian woman

MED
mediane

SOPHIA LOREN - The quintessence of being an Italian woman © 2009 MEDIANE srl

Author: Marinella Carotenuto
Published by MEDIANE srl
Original idea, coordination and development: Claudio Rossi e Paolo Gorlani
Artwork, lay-out and development: Studio Valfré Torino
Translation and text adaptation: Pat Scalabrino along with Paul Carter
Photos copyright: Reporters Associati

ISBN 9788896042106
Catalog Number: AMK5019
BISAC CODE: PER018000

First printing September 2009
Printed in EU

Mediane and Amarkord are trademarks of Mediane srl Italy
Mediane - www.mediane.it
Centro Direzionale Milanofiori - Strada 1 Palazzo F/2
20090 Assago - Milano – ITALY
(c) & (p) 2009 Mediane srl

LA DIVA, L'UNICA

- Se avessi io la fortuna che hai te…
- Che fortuna ho io?
- La fortuna di essere donna.
  Li incastrerei uno dopo l'altro.

(M. Mastroianni e S. Loren,
La fortuna di essere donna)

Se lo tenga pure, la Garbo, quell'algido titolo di Divina costruito e alimentato nel mistero, nella distanza, nell'inafferrabilità. E si accontentino, le altre, d'essere state dive per una stagione: per quanto lunga, a volte lunghissima, o intensa, ricca di riconoscimenti e di pagine che hanno fatto la storia della settima arte, per tutte loro sempre di una stagione si è trattato. La Diva, l'unica, è solo Sophia, la ragazza partita dall'hinterland di Napoli e arrivata a scalare il tetto del mondo cinematografico e mediatico. Sul quale troneggia da sessant'anni, e chi sa quante sorprese può ancora riservare.

Non che sia stata la sola, Sophia, ad inerpicarsi sulla scala della vita partendo dal gradino più basso. Ex-cameriere o ex-miss qualcosa, la biografia delle regine dello star system comincia quasi sempre

The One and Only Diva

-If I were as lucky as you are…
-What luck are you talking about?
-Being a woman. I'd pin them all down anytime,
  anywhere.

(M. Mastroianni and S. Loren, What a Woman!)

Greta Garbo can keep her icy nickname – the Divine – built on air of mystery, distance, and elusiveness. And all those others who became divas for just one season will have to be content with what they achieved: though their careers may have been more lasting, more intense or more critically acclaimed than others, and they may well have made cinematographic history, their success was always just a passing season. Sophia is the one and only Diva. She set off from the Neapolitan hinterland and ended up climbing up to the very summit of international cinema and media. Sixty years on and there she still reigns, and the story's not over yet.

Of course Sophia isn't the only star to have started climbing from the very bottom rung. Whether it's as former waitresses or former beauty contest winners, showbiz queens' biographies always start in the same way: Greta Garbo began working at a barber's in Stock-

Sophia al Rally del Cinema
1956

Sophia at Rally del Cinema
1956

così: Greta Garbo inizia lavorando nella bottega di un barbiere a Stoccolma; Joan Crawford, Olivia De Havilland e Bette Davis servendo caffè e bistecche ai tavoli; Lucia Bosè diventa attrice, moglie del torero Dominguin e musa ispiratrice di Picasso dopo aver lasciato il banco di una pasticceria milanese e aver sfilato, vincendolo, per il titolo di Miss Italia. Ancora più in salita la strada di Marilyn Monroe, che passa dall'orfanotrofio alla fabbrica (è un'operaia addetta a spruzzare vernici sulle fusoliere degli aerei), e chi sa se già allora si esercitava in quella camminata sensuale che avrebbe poi esibito in *Niagara* e che l'avrebbe trasformata nel sogno proibito dell'immaginario erotico maschile. Le strade del cinema, in particolare quello della prima metà del '900, sono lastricate di bellezze e talenti sbocciati dalla miseria e da famiglie scombinate. E quelle del grande successo sono inevitabilmente precedute da una frustrante gavetta: a Marlene Dietrich ci sono voluti undici anni di comparsate e particine per arrivare a *L'angelo azzurro*, il film che l'ha resa leggenda.

E dunque cos'è che ha permesso a Sophia di toccare presto la cima e rimanerci su saldamente per un tempo così lungo? Una carriera transgenerazionale come la sua l'ha avuta soltanto Katharine Hepburn, quattro Oscar e otto nomination, un record imbattuto, sessantadue anni di cinema in barba al tempo che passa e alle mode che cambiano: ma la

holm; Joan Crawford, Olivia De Havilland, and Bette Davis waited tables, serving coffee and steaks: Lucia Bosè began acting, married Dominguin, the bullfighter, and became Picasso's muse; all this after leaving a confectioners' shop in Milan and later having won the Miss Italy beauty contest. Marilyn Monroe's road to success was even harder: she went from the orphanage to a factory (spraying paint on aircraft fuselages). And, who knows? Perhaps even then she'd already started trying out that sensual walk that would later be seen in Niagara; the same walk that made her part of every man's forbidden erotic dreams. In the world of cinema, success has so often smiled on young beauties from humble origins and broken families. Inevitably, when it comes to those enormously successful stars, the years preceding success are marked by a frustrating struggle to rise through the ranks: it took eleven years of playing extras and bit-parts for Marlene Dietrich to get her big break with The Blue Angel, the film that made her a legend.

So what's Sophia's secret? How was she able to reach the very top and remain there all this time? Only Katharine Hepburn had a similarly generation-spanning career. With her yet to be broken record of four Oscars and eight nominations, Hepburn made films for sixty-two years, defying the passage of time and the whimsically changing nature of fashion. She was Spencer Tracy's partner both on and off the screen, and their love was eternal: the hat worn by Henry Fonda on the film post-

In casa
1963

At home
1963

compagna di scena e di vita di Spencer Tracy (che amore eterno, il loro: il cappello che ha in testa Henry Fonda fin dalla locandina di *Sul lago dorato* è un prestito di Katharine e un ricordo di Tracy, morto già da quattordici anni) è semmai l'anti-diva per eccellenza. A nessuna donna verrebbe in mente di copiarle l'abbigliamento o di farsi tingere i capelli del suo colore: vogliono tutte il biondo platino di Jean Harlow o la capigliatura liscia di Brigitte Bardot, si immaginano negli atteggiamenti spregiudicati di Mae West, si proiettano nella vita sopra le righe di Ava Gardner, vorrebbero sedurre sfilandosi un lungo guanto nero come sa fare Rita Hayworth oppure, novelle Marilyn, far finta di trattenere il vestito che svolazza malizioso al getto d'aria che fuoriesce da una grata della metropolitana. Perché è questo, una diva: un archetipo, un ideale che si sa irraggiungibile ma che la magia dello schermo ingrandisce fino a portarlo alla poltroncina dello spettatore. La diva e il suo pubblico si incontrano nel buio della sala e delle frustrazioni del quotidiano, in qualche luogo della mente, dalle parti dei sogni e dei desideri, che si nutre delle cronache di amori tempestosi, passioni travolgenti e lussi sfrenati: una diva non può permettersi di portare a spasso i figli, non può rischiare di farsi fotografare in coda alla cassa di un supermercato. Chi ha dovuto affrontare due guerre mondiali e due faticosissime ricostruzioni la vuole alla punta estrema della traiettoria dell'esistenza, ben visibile

er of On Golden Pond *had belonged to Tracy (who'd passed away fourteen years earlier), and was loaned for the production by Katharine. But if anything, Hepburn was the anti-diva par excellence. No other woman would have wanted to copy the way she dressed, or to dye their hair in a similar colour: women wanted Jean Harlow's platinum blonde locks, or Brigitte Bardot's sleek, straight hair. They saw themselves with Mae West's unconventional attitude, and imagined themselves leading an extraordinary life like Ava Gardner. They dreamed of pulling on a long, black glove and seducing men just like Rita Hayworth, or like would-be Marilyns, they wanted to step over a subway grate and playfully pretend to try and hold down their dress as the air rushing out mischievously lifts it up. Because that's just what a diva is: an archetype; an ideal which everyone knows is unobtainable, but which is magnified by the magic of the big screen and projected directly to the seated spectator. Divas and the public meet both in the darkness of the cinema and in the darkness of the frustrations of everyday life. They meet in the mind, in that place where dreams and desires are created, the part that feeds on stories of tempestuous love, sweeping passion, and sheer, unbridled lust: a diva can't allow herself to go out walking with her kids, or to be photographed in the queue at a supermarket. Someone who's lived through two World Wars and the hardships suffered in the post-war years wants a diva at the very pole of existence; someone visible but who at the same time*

In posa come modella
1956

Modeling shot
1956

ma inarrivabile. Come una stella.

Sophia si afferma proprio nel momento in cui divi e divismo stanno per uscire di scena, travolti dall'avanzata degli autori: l'epoca in cui i telefoni erano bianchi e le attrici bionde, e in ogni film c'era una scala che la protagonista doveva scendere con calcolata e fascinosa lentezza, si è definitivamente chiusa, di qui a non molto sarà il regista a imprimere il suo marchio alla pellicola. In questo universo di celluloide sta per irrompere una generazione di cineasti che porta con sé una ventata di irrequietezza e vitalità che costituisce la vera grande rivoluzione del dopo Lumière, seconda solo al sonoro, sicuramente superiore al colore. La Loren pizzaiola e smargiassa si materializza sul crinale che divide queste due fasi, giusto in tempo per essere consacrata diva. E per potersi reinventare il cliché. Perché è evidente: ha scelto d'essere diva a modo suo, Sophia. Mai uno scandalo, mai un pettegolezzo, mezzo secolo accanto allo stesso uomo e starebbero insieme ancora adesso se la morte di lui non li avesse separati. Un vero disastro, per i rotocalchi rosa, e meno male che c'è chi li tiene impegnati: per esempio Lana Turner, sette matrimoni e un funerale (quello dell'amante-gangster Johnny Stompanato, ucciso dalla figlia quindicenne di lei), o l'immensa Liz Taylor, anche lei plurisposata e pluridivorziata, con un gusto dell'eccesso che la porta a pretendere, per *Cleopatra*, un camerino di otto stanze nella palazzina del montaggio a Cine-

cannot be touched. Just like a star.

Sophia came to success just as the importance of writers was coming to the fore, and the era of divas and their culture was drawing to a close: once upon a time films were full of status symbols, the actresses were all blonde, and every film featured a scene in which the female lead had to slowly walk down a stairway with measured, fascinating charm. This style was at an end. Now it was the directors' turn to make their mark on the film. A new generation of film-makers were about to burst into the celluloid universe, bringing a breath of fresh air, restlessness, and vitality with them. This would be one of the great revolutions of the post-Lumière years, second only to the advent of films with sound, and vastly superior to the introduction of colour. In her swaggering pizza-chef role, Loren made a name for herself right on the cusp between the two eras, just in time to be consecrated as a diva. And the timing was also right for her to reinvent the cliché, because, naturally, Sophia had to be a diva in her own way. There was never a scandal, or whispers of gossip about her. She spent half a century with the same man, and they'd still be together today had they not been separated by his death. The sensationalist tabloid press could get nothing from her, so it was just as well other stars kept them busy: Lana Turner, for example, went through seven weddings and a funeral (that of her gangster lover Johnny Stompanato, killed by her fifteen year-old daughter), or the immense Liz Taylor, who'd also married and divorced countless times.

La ciociara
1960

Two women
1960

città e una macchina adibita unicamente ai suoi spostamenti verso il luogo delle riprese, a cento metri di distanza.

Mai un capriccio da diva, Sophia. La Garbo aveva preteso set protetti, circondati da tende scure e accessibili solo all'operatore e agli attori della scena? Lei invece divide cestino e grandi piatti di spaghetti con chiunque, comparse comprese, e all'occorrenza non esita a improvvisarsi parrucchiera, come quando durante le riprese de *La contessa di Hong Kong* provvede lei stessa a sistemare la complicata acconciatura di Geraldine Chaplin.

È tutta dentro e fuori le regole dello star system, la carriera di Sophia. Lei lo sa, lo intuisce, che farsi rinchiudere in uno stereotipo è il primo passo verso il suicidio professionale: il cinema è sempre pronto ad attribuire etichette, mutuandole da un titolo o da un personaggio - la fidanzata d'America, la femme fatale, la vamp, la donna più bella del mondo, la bomba sexy - ma è anche prontissimo a confezionarne di nuove portandosi via col vento delle ultime leve la popolarità e la gloria delle precedenti. Se per tutti, dappertutto, la Loren è invece semplicemente Sophia, un nome che è diventato un simbolo, icona di bellezza-bravura-successo, è perché lei sa come assecondare e al tempo stesso spiazzare le aspettative del suo pubblico. Che infatti la segue fedele, che si aggiri sfrontata tra i vicoli di Sorrento, dimessa e dolente nei panni della

Taylor's taste for excess seemed to know no bounds: whilst making Cleopatra *she demanded a changing room with eight rooms in the editing headquarters at Cinecittà, and a car that would take her to filming, just a hundred metres away.*

Sophia threw no diva-like tantrums. So Garbo wanted closed, protected sets, surrounded by dark curtains, accessible only to cameramen and fellow actors? Sophia on the other hand shared bread and massive plates of spaghetti with everyone, extras included, whilst on set. She helped out whenever possible, and on the set of A Countess from Hong Kong, *she even doubled up as hairdresser, preparing Geraldine Chaplin's complicated hairstyle.*

During her career, Sophia followed the rules of the Hollywood star system, but at the same time she also made her own rules. She knew by intuition that reducing herself to a stereotype would be the first step towards professional suicide: it's all to easy to be pigeon-holed in cinema, to be labelled according to a film title or a single character – 'America's girlfriend', femme fatale, vamp, the world's most beautiful woman, sex-bomb – but those nicknames can change in an instant once younger, fresher actresses arrive on the scene, and the glory and popularity of formerly beloved stars wane. Loren was simply known as Sophia, a name that became a symbol of beauty, talent, and success. She knew exactly how to play along with the public's expectations,

In posa con i cagnolini
1962

Posing with puppies
1962

Ciociara oppure elegante e sofisticata nelle mega-produzioni internazionali.

Vuol essere un'attrice, Sophia, lei che è nata diva – popolare, amata, garanzia di successo sicuro – e a recitare impara, tenace, determinata, orgogliosa: mai si sarebbe consentita i 59 ciak che servirono alla Monroe per un'unica battuta, "Dov'è il bourbon?", di *A qualcuno piace caldo*. E mai si sarebbe perdonata d'essersi lasciata scappare un buon film. Magari si sarebbero potuti sfrondare, i cento e passa titoli della sua filmografia, certamente non tutti all'altezza delle sue capacità, ma almeno non si è dovuta mangiare le mani per aver difettato in intuito com'era successo a Hedy Lamarr, che rifiutò *Casablanca* perché il copione era ancora in bozza, o a Eva Marie Saint, la dolce amica d'infanzia di *Fronte del porto*, che disse no a *Donna dai tre volti* regalando a una ventisettenne Joanne Woodward l'Oscar per la migliore interpretazione femminile. E poi non è solo questione di successo: recitare, per Sophia, sembra quasi un'esigenza. Quasi l'unico momento, l'unico luogo dove si dissolvono le paure e le insicurezze di una bambina cresciuta senza padre e dove trovano espressione gli infiniti meandri di un'anima che s'è formata fra la fame e le macerie della guerra.

È una diva in carne e ossa, Sophia. Seduce in lingerie nera e si affaccenda in cucina secondo i dettami di mammà, provoca ridendo e partorisce sorriden-

whilst at the same time catching them totally off guard. That very same public remained loyal to her, whether she was strutting around the alleyways of Sorrento, humbled and hurt in her role as the Ciociara, or elegant and sophisticated as she was in her international films. Sophia was born a diva; she was popular and much-loved, a cast-iron guarantee for success. She wanted to be an actress, and in her efforts to learn the trade she was tenacious, determined, and proud: she'd never have allowed herself the 59 takes Monroe needed to recite her line "Where's the bourbon?" in Some Like it Hot. *And she'd never have forgiven herself for passing up the chance of a role in a good film. A good few of the hundred or so productions she starred in could have been trimmed from her filmography, many of them being unworthy of her talents. But at least her instincts never failed her, and she didn't have to live with regret like Hedy Lamarr, who snubbed a role in* Casablanca *because the script was still in the drafting stage, or like Eva Marie Saint, the sweet childhood friend in* On the Waterfront, *who turned down the female lead role in* The Three Faces of Eve, *handing it instead to the twenty-seven year-old Joanne Woodward, and with it, an Oscar for best performance by an actress in a leading role. And it wasn't just about fame and success: acting was almost a need for Sophia. As a child she grew up without a father, and acting represented the only time and place where her resulting fears and insecurities melted away. Here, she found an outlet for the infinite*

La miliardaria
1960

The Millionairess
1960

do, popolana e aristocratica senza mezze misure come soltanto le donne di Napoli sanno essere. Spavalda e al tempo stesso casta: mai una scena hard, mai una trasgressione, l'unica concessione in quelle scollature generose che son bastate a incantare più generazioni di maschi. Persino quel suo fisico incontenibile (del quale i giornali anni '50 riportano puntigliosamente le misure: 95-58-95, e se a Napoli non se le giocano al Lotto è solo perché nella cabala i numeri si fermano al 90) ha imparato a governarlo con regale *nonchalance*, destreggiandosi fra spudorata celebrazione e perfetti camuffamenti, tra rarefatta sensualità e irresistibile autoironia. Non a caso Anthony Burgess, quello che scrisse il romanzo da cui Stanley Kubrick ha tratto *Arancia meccanica*, l'ha definita "una bellezza nella quarta dimensione: non solo fisica ma totale". E Gérard Depardieu, dopo averle recitato accanto sul set di *Cuori estranei*, gli ha fatto eco nella sua autobiografia, *Vivant!*: "Sophia è la madre di tutti gli attori, la santa patrona degli attori, un'intelligenza fuori dal comune, un saper vivere e una discrezione unici, una donna capace di spostare le montagne".

Anche il mare, ha spostato Sophia. L'Atlantico l'ha rimpicciolito a forza di fare la spola fra Italia e Stati Uniti, saldamente ancorata alle sue radici e ai suoi valori mediterranei (la maternità e la cura della famiglia, anzi tutto) eppure veramente e durevolmente famosa al di là dell'oceano. L'unica, in tutta

twists and turns of a soul shaped by hunger and the devastation of war.

Sophia is a real-life diva. She can seduce in black lingerie, or bustle about the kitchen like any Italian mother. She can provoke with a laugh, or give birth with a smile; she doesn't do half measures, and is both aristocratic and a woman of the people, in the way only Neapolitan women can be. Sophia is bold, but at the same time chaste: she never crossed certain lines, there were never any sex scenes. The only thing she allowed herself were those low-cut tops that enchanted several generations of men. Magazines from the '50s had her vital statistics at 37-23-37 (95-58-95 in centimetres, as read in Italy, and the only reason superstitious Neapolitans didn't use those numbers in the lottery was that the numbers only went up to 90). Sophia learned to control that bursting physique with regal nonchalance. Her movements often crossed the line between brazen celebration and perfect disguise, refined sensuality and irresistibly self-deprecating irony. Anthony Burgess, the man who wrote A Clockwork Orange, *the work that inspired Stanley Kubrick's film, defined her as "a beauty in the fourth dimension: not just physical, but total". After having worked alongside her on the set of* Between Strangers, *Gérard Depardieu echoed those sentiments in his autobiography,* Vivant!: *"Sophia is the mother of all actors, the patron saint of actors, an extraordinary intelligence, a unique way of both living life to the fullest and doing*

Ieri, oggi e domani
1963

Yesterday, Today and Tomorrow
1963

Europa, che lo sia mai stata e ancora lo sia. Del resto è la più americana di tutte, una vera self-made woman: negli States la favola bella della ragazza di Pozzuoli, l'Italian Cinderella, diventa la più letterale incarnazione del Sogno Americano ma anche l'ambasciatrice nel mondo di un'Italia che crede in se stessa e ha voglia di farcela.

Ecco perché è un gioco perso in partenza, quello dell'individuare "la nuova Loren". E perché è invece tutto da raccontare, il romanzo della sua vita.

it discreetly, a woman who can move mountains".

The ocean, too, had the power to move Sophia. The distance between Italy and the United States became no object as she shuttled backwards and forwards for her films. She became truly, lastingly famous on the other side of the Atlantic, but at the same time she remained firmly tethered to her roots and Mediterranean values (above all motherhood and taking care of her family). She is still the only European diva to have managed it. And she also became the most 'American' diva of them all, a real self-made woman: the fairytale of the girl from Pozzuoli, the Italian Cinderella, became the most literal incarnation of the American Dream. At the same time she became an international ambassador for Italy, a country full of self-belief and a will to fight on.

That's why anyone wanting to find "the new Loren" has their work cut out for them. And it's also why the story of her life is a tale that needs to be told.

DA SOFIA A SOPHIA

A casa nostra, nel caffè
non ci mettiamo niente:
né il caffè né il latte.

(Totò, *Miseria e nobiltà*)

È la più napoletana fra le attrici italiane, la più mediterranea fra le star internazionali. Ma sul suo certificato di nascita è scritto: Roma, 20 settembre 1934. E non è un caso: appena le è riuscito, mamma Romilda – studi di pianoforte al Conservatorio, una gran passione per il ballo e una voglia immensa di costruirsi un suo spazio nel mondo dell'arte e dello spettacolo - se n'è andata nella capitale per risarcirsi del primo sogno infranto, la rinuncia al premio di un concorso vinto come sosia di Greta Garbo. Un secco no dei genitori, ostacolo insormontabile per lei che aveva partecipato minorenne, e l'ingaggio come aspirante controfigura della Divina messo in palio dalla Metro Goldwyn Mayer si era dissolto come una bolla di sapone.
Se c'è un posto dove incontrare una seconda chance, deve aver pensato Romilda Villani, quel posto

From Sofia to Sophia

*At home, we never put anything in
our coffee: neither coffee nor milk.*

(*Totò*, Poverty and Nobility)

Amongst all of the Italian actresses, she is the most Neapolitan, as well as being the most Mediterranean amongst international stars. Her birth certificate, however, tells a different story: Rome, 20th September, 1934. This was no coincidence: Romilda, her mother, studied the piano at music school, and had a passion for dance, as well a dream of making a name for herself in show business. After winning a Greta Garbo look-alike contest, she had to give up the prize trip after her parents refused to let her go. As Romilda was underage at the time, she was forced to forgo her dream of becoming a double for Metro Goldwyn Mayer's diva. To make up for her crushing disappointment, she upped stakes and moved to the Italian capital.
Romilda Villani figured that if there was one place where second chances were possible, that place was Rome. The reality of the situation was much different. She made a few performances in variety theatre at the

In posa come modella
1952

Modeling shot
1952

è Roma. E invece a Roma - a parte qualche esibizione nel teatro di varietà all'Adriano e qualche battuta in un unico film mai portato a termine (*Gioventù eroica* il titolo provvisorio e 1932 l'anno delle prime riprese) - la bella ragazza di Pozzuoli incontra il suo destino. Che ha il nome di Riccardo Scicolone e l'aspetto elegante di un John Gilbert, partner non soltanto cinematografico della Garbo, o di un Amedeo Nazzari, giovane talento dei palcoscenici della capitale: Riccardo è appena un po' più impomatato, quel tanto che basta a far perdere la testa ad un bocciolo di donna che ha più sogni che strumenti per affrontare la realtà. E che infatti, più o meno un anno dopo quell'incontro, si ritrova da sola in una corsia d'ospedale, al Regina Margherita, a partorire la figlia di un matrimonio mai celebrato.

Ugualmente Romilda, che forse ha più paura di perdere il suo bell'innamorato che di non riuscire a farsi portare all'altare, chiama la bimba Sofia come la nonna paterna, come la mamma di quel papà che alla sua prima figlia si limita a dare un cognome e a mandare un mazzo di fiori. Ci vuole qualcosa di molto più concreto, per crescere una neonata. Ci vuole una famiglia. È così che a dicembre, incalzate da un freddo non solo atmosferico, intriso di ristrettezze e difficoltà, mamma e figlia prendono un treno e vanno a Pozzuoli, al secondo piano del palazzetto rosso pompeiano al numero 5 di via Sol-

Adriano, and a few lines in just the one, unfinished film (Gioventù Eroica *was the provisory title of the film which began shooting in 1932). However, Rome was also the place where the beautiful girl from Pozzuoli met her destiny. His name was Riccardo Scicolone. He had an elegant look about him, like John Gilbert, Garbo's partner in more than just the cinematographic sense; he also resembled Amedeo Nazzari, another young talent of the capital's theatres: Riccardo used slightly more hair grease, just the right amount to send a budding young woman full of dreams spinning into his arms. Around one year after that meeting, Romilda found herself alone in the Regina Margherita hospital, giving birth to her daughter: the product of a marriage that never happened.*

In any case, Romilda seemed more afraid of losing her young lover than of not being able to marry him. She named her daughter Sofia, after her paternal grandmother: the mother of the man who simply gave his surname and sent a bunch of flowers after the birth of his first daughter. However, when it comes to raising a newborn, a much more solid base is required. A family, in other words. And so one December, chilled as much by financial hardship as by the freezing temperatures, mother and daughter took the train to Pozzuoli. They went to the second floor of the red building of number 5, Via Solfatara, where the Villani family lived. This is where the earth shakes, the air smells of sulphur, and the wind that doesn't take away the smell tells of the

Con la sorella Maria Scicolone
1950

With her sister Maria Scicolone
1950

fatara, dove c'è la famiglia Villani e dove la terra trema, dove l'aria odora di zolfo e il vento che non arriva a disperderlo racconta miti antichi di oracoli di Sibille, di porte dell'Averno e di Inferi in terra, e presagi di miracoli impregnati del sangue di san Gennaro, decapitato proprio lì, fra le fumarole di anidride solforosa e i getti di fango bollente che salgono dal cratere del vulcano estinto.

Nell'Italia meridionale degli anni '30, tutta grida di perbenismo e sussurri di pettegolezzo, ci vogliono un gran coraggio e un gran senso della famiglia ad avere in casa una ragazza madre che per di più proprio non ci sta a recitare il ruolo dimesso della sedotta e abbandonata: per dare il suo contributo ad un nucleo familiare dove tutti gli uomini di casa hanno un lavoro e anche la sorella Dora si è trovata un posto da segretaria, Romilda fa quello che sa, dà lezioni di pianoforte e si esibisce nei ristoranti. E continua ad andare in giro con lo stesso piglio algido con cui la Garbo, regina Cristina nell'omonimo film di Rouben Mamoulian, sentenzia: "L'amore perfetto è quella fiaba dorata che tutti noi sogniamo. Nella vita reale bisogna accontentarsi di meno". Romilda si accontenta del suo amore sbilanciato, e con Riccardo (rampollo della buona borghesia, forse anche con un quarto di nobiltà, ma eterno studente di ingegneria con impieghi saltuari) nel '38 ha una seconda figlia, Maria,

ancient myths such as the oracles of Sibille, of the terrestrial gates to Hades, and omens of the blood-soaked miracles of Saint Gennaro, who was decapitated right there among the sulphurous fumes and jets of hot mud that spew forth from the extinct volcano's crater.

In southern Italy in the 1930's, where "respectability" and gossip reigned supreme, it took a great deal of courage and sense of family to take in a young mother, especially one who would not accept the traditional, humble role of one who has been seduced and then left behind. Every man in the family had a job, and even her sister Dora had found a job as a secretary. Romilda wanted to help support the family, doing what she did best: she gave piano lessons and performed in restaurants. She maintained the icy manner with which Garbo – queen Christina in Rouben Mamoulian's film of the same name – claims: "A great love, perfect love, is an illusion. It is the golden fable of which we all dream. But in ordinary life it doesn't happen. In ordinary life one must be content with less." Romilda decides to make do with her imperfect, unbalanced love with Riccardo (the son of a respectable family, perhaps even with a degree of nobility, but also an eternal student of engineering constantly in and out of employment), and together they had a second daughter in 1938. She was named Maria, another name taken from the virtual family of a father ever less willing to accept his responsibilities: Maria received neither flowers from her father, nor paternal

1952

di nuovo un nome mutuato dalla famiglia virtuale di un papà sempre meno disposto ad assumersi le proprie responsabilità: per Maria non ci saranno né fiori né riconoscimento paterno fino a che non sarà la sorella maggiore a comprarle, proprio letteralmente, quel cognome Scicolone che farà sparire dal certificato di nascita il marchio odioso di figlia di N.N. Ma ci vorrà tempo, per questo, bisognerà che arrivino i primi veri soldi guadagnati con un mestiere di attrice che è tutto da costruire.

Nel frattempo Sofia cresce nel calore di quella che è a tutti gli effetti la sua famiglia. Accanto ha nonna Luisa, sempre presente e materna di temperamento: è lei che la futura Loren chiama mammà (Romilda è "mammina") ed è a lei che sarà dedicato *Recipes & Memories*, il libro di ricette e ricordi pubblicato negli Usa nel 1998. E poi c'è nonno Domenico che è quanto di più vicino a un papà conosca Sofia, orfana di un padre così vivo e vitale che di lì a poco formerà una seconda famiglia, questa volta legittimata in chiesa, e in tarda età un'altra ancora con una compagna tedesca.

Cresce sì ma pelle e ossa, Sofia, amabile ragnetto tutto gambe e braccia e occhi sgranati che nulla lascia presagire del fisico che di lì a poco esploderà in forme statuarie. Per ora è uno stecchino, ma sempre ben vestita, curata, con grandi fiocchi in testa o sull'abitino, ritratta in braccio alla madre e accanto al pianoforte: un terzetto che di lì a qual-

recognition in the form of a surname. The former she would get from her elder sister, and the surname Scicolone meant that her birth certificate would no longer contain the dreaded "figlia di N.N." mark (name of father unknown). But all this would take time, as well as the money earned from a career as an actress she was yet to begin.

In the meantime, Sofia was raised in the warmth of what was to all effects her family. Her grandmother Luisa was always there for her, with her maternal temperament: the future Loren would refer to her as mammà *(Romilda was referred to as* mammina*), dedicating her 1998 book* Recipes & Memories *to Luisa. Her grandfather, Domenico, was the closest thing Sofia had to a proper father. In the meantime, although her biological father made himself so scarce in Pozzuoli, he remained active on the family front: he would shortly thereafter set up a second family, this time one legitimized by the Church, and yet another one later in his elderly years with his German companion.*

Early on, Sofia was just skin and bones. She was a lovable spider-like figure, all arms and legs and wide eyes: absolutely no hint of the magnificently statuesque physique she would soon bloom into. She was skinny as a toothpick, but always well-dressed and well cared for, with big bows and ribbons in her hair or on her dresses as she was often pictured in her mother's arms or sitting at the piano. Soon, amongst the still-smoking ruins left by the war, mother and daughter would tour bars and

che anno, tra le macerie ancora fumanti della guerra appena terminata, si trasferirà nei locali dove Romilda canta e l'una o l'altra figlia l'accompagna con un filo di voce.

Ma non è una parentesi che si possa tralasciare, quella dei cinque lunghissimi anni della II guerra mondiale: Sofia ha sei anni quando inizia, undici quando l'orrore termina. Nel mezzo ci sono la paura, i bombardamenti, il coprifuoco, le corse nei rifugi, le file davanti ai negozi, il mercato nero. La fame. E la ricerca di un posto, di una tana, dove giorno dopo giorno mettere in salvo la vita: nell'estate del '43, quando Pozzuoli viene evacuata, i Villani si appoggiano a dei parenti napoletani, ma si sta sempre più stretti e c'è sempre più fame, in città è lotta per la sopravvivenza, impossibile trovare le erbette nei campi, l'uovo fresco o la capretta che ti viene in soccorso con un po' di latte. A fine settembre Napoli viene liberata dai napoletani, prima dell'arrivo delle truppe alleate, e la memoria di quei giorni epici è documentata in un film girato nel '62 da Nanni Loy, selezionato all'Academy Awards con due nomination come miglior film straniero e migliore sceneggiatura: è *Le quattro giornate di Napoli*, un po' docufilm un po' chanson de geste, che inizia con l'ennesima, intollerabile, fucilazione dimostrativa da parte dei nazisti e termina - dopo quattro giorni e quattro notti combattuti dagli insorti a colpi di pietre, bottiglie

nightspots. *Romilda sang with accompanying vocals and piano from her eldest daughter.*
The five long years of the Second World War took their toll on Sofia and her family. She was only six years old when it began, and eleven when the horror ended. In the years that passed she endured fear, bombardments, curfews, trails to the shelters, endless queues at shops, the black market. Hunger. And the constant search for somewhere – anywhere – to hide, day after day in order to survive: when Pozzuoli was evacuated in the summer of 1943, the Villani family went to stay with some of their Neapolitan relatives. Unfortunately, both space to move around in and food were at a premium. Life in the city was a fight for survival. Things like vegetables, fresh eggs, or goats and their milk were impossible to find. Naples was liberated at the end of September by the Neapolitans themselves, before the arrival of the Allied troops. The memories of those epic days were documented in Nanni Loy's 1962 film, Le Quattro Giornate di Napoli *(The Four Days of Naples). The film received Oscar nominations for Best Foreign Language Film and Best Screenplay. Part film documentary, part* chanson de geste, *it begins with the umpteenth intolerable mass execution by firing squad at the hands of the Nazis, and ends after four days and four nights of insurgents fighting with rocks, bottles, and household furniture, with the final victorious battle and the retreat of the S.S. tanks: it's over. Naples is once again free. The evacuated masses can once again undertake the*

e mobili di casa - con la battaglia finale e vittoriosa intorno ai carri armati delle SS, costretti alla ritirata. È finita, Napoli è libera, le grandi masse degli sfollati possono rifare all'indietro il loro viaggio verso una casa che chi sa se troveranno e un futuro che chi sa cosa sarà. Anche i Villani fanno ritorno a Pozzuoli, tra macerie e lavoro che non c'è; i suoi si improvvisano locandieri e imparano a preparare il *porridge* per i militari inglesi, Romilda riprende a fare quello che sa, suonare e cantare, e tutto sommato ora è anche più facile: la miseria è sempre tanta ma tantissima è la gente, truppe alleate comprese, che ha voglia di festeggiare il semplice fatto d'essere viva. Persino Sofia riesce a trovare i soldi per concedersi qualche svago a buon mercato: il cinema lo scopre così, in una piccola sala di Pozzuoli dove basta pagare un ingresso per poter rivedere la pellicola proiezione dopo proiezione, e poco importa se gli studi non sono brillantissimi. Del resto mammina l'ha deciso da tempo: sarà Sofia a risarcirla dei suoi sogni mai realizzati, e questa volta non ci saranno genitori a bloccare sul nascere le velleità artistiche. Tutt'altro. Anche perché la piccola sta crescendo in fretta e i segni della futura bellezza sono già lì, già evidenti per chi ha occhi preveggenti per intravederli e tenacia per coltivare le ambizioni. Infatti nell'autunno del '49 Romilda iscrive la figlia ad uno dei tanti concorsi di bellezza che l'euforia del dopoguerra fa spuntare come

voyage to a home which may not be still standing, and to an uncertain future. The Villani family, too, returns to Pozzuoli, amongst the ruins, and hit by a lack of employment opportunities. Romilda once again begins to do know what she knows best: singing and dancing. And now it's actually much easier: although the poverty at first seems oppressive, there are now so many people – including the Allied troops – who simply want to celebrate the fact they're still alive. Even Sofia managed to get hold of some money and allow herself a few low-price treats. That was how she discovered cinema: in a small projection hall in Pozzuoli where one could pay the entrance fee and watch the same film over and over again, and it mattered not a lot if the films weren't great. As things would have it, Romilda had made her decision long ago: Sofia would be the one who would settle the old score for her mother's broken childhood dreams. This time no parent would deny those "foolish" artistic ambitions. On the contrary. The little girl was growing up quickly, and the signs of her future beauty were already there to see for those who had an eye for talent and the tenacity to cultivate her ambition. As a side-effect of the post-war euphoria, beauty contents were springing up everywhere, and Romilda signed her daughter up for one in the autumn of 1949. The title of "Queen of the Seas" was up for grabs, as well as twelve places for "Princesses" in the royal court. There was also prize-money, tokens, household goods, and above all, a ticket to show business and cinema: a shining

1949

1949

funghi: in palio ci sono un titolo di Reginetta del mare e altri dodici per altrettante Principesse al real seguito. In palio ci sono anche soldi, buoni-premio e oggetti per la casa, e soprattutto il sogno di un passaporto per il cinema, la frontiera di un mondo patinato dove non ci sono esistenze da ricostruire e fatica di vivere ma successo, ricchezze e amori travolgenti.

La leggenda vuole che al Circolo della stampa di Napoli, dove i giurati devono individuare la Reginetta del mare fra centinaia di ragazze in fiore, Sofia (che ha il numero 7 ed è la più alta) sfili senza troppa convinzione con un abitino rosa che nonna Luisa, mammà, ha ricavato dalla tenda del salotto: proprio come Rossella O'Hara quando a guerra finita incontra Rhett Butler per convincerlo a salvare la tenuta di famiglia a Tara. E proprio come l'eroina di *Via col vento* quella volta Sofia non la spunta: il titolo lo vince una studentessa di legge della quale nessuno più ricorda il nome (Jole La Stella, per la cronaca), lei è soltanto una delle Principesse. Per ora.

Roma, cine-città aperta

Se per mammina Romilda il passo successivo è il cinema, cos'altro?, il luogo del cinema non può essere che Roma. E pazienza se bisognerà passare

world where lives don't have to be rebuilt and hardships are as non-existent as success, riches, and sweeping love-affairs are abundant.

The jurors had to select the Queen from amongst hundreds of girls in the prime of youth at the press hall. Legend has it that Sofia – contender number 7, and the tallest of all the girls – didn't really put in a convincing performance with the pink dress that her grandmother Luisa – mamma – had made for her using the living room curtains: just like the one worn by Scarlett O'Hara when she meets Rhett Butler at the end of the war to try and convince him to save the Tara estate. And fate would have it that, just like the heroine from Gone With the Wind, *Sofia wouldn't triumph on this occasion: first prize went to a law student whose name now no-one remembers (for the record, it was Jole La Stella), and Sofia was selected as one of the princesses. For now.*

Rome, Open Cine-Città

Since Romilda had decided Sofia's next step would be in cinema, the only logical place for them to go was Rome, the home of Italian cinema. Never mind that she would have to take the long route of playing extras: the process had already begun in Naples.

Her first big-screen appearance of what would become an unsurpassable career was in a small production

dalla porta di servizio delle comparsate, la trafila del resto è iniziata già a Napoli.

La prima apparizione su schermo di quella che sarebbe diventata una star dalla carriera irripetibile è in un filmetto ricordato solo perché "c'era la Loren", che all'epoca oltre tutto nemmeno si chiamava così: in *Cuori sul mare*, storia di buoni sentimenti, cattivi contrabbandieri e amori tentatori, Sofia Scicolone compare appena, seduta a un tavolino del famoso ristorante Zì Teresa, i grandi occhi intimiditi e fissi sul nulla, a pochi centimetri dallo sguardo di ghiaccio della protagonista Doris Dowling, bad woman del cinema americano anni '40, mondina misteriosa in *Riso amaro* e sorella di quella Constance per la quale Cesare Pavese si suicidò. Ma già nella trasposizione della pellicola in fotoromanzo (pubblicata, nello stesso anno di uscita del film, sulla rivista *Film-Romanzo*: si usava così, allora), Sofia gode di qualche fotogramma in più: poca cosa, però la via è imboccata e da adesso si comincia a fare sul serio. Perché una bellezza franca come la sua, da Olimpo sceso in terra, è senz'altro il sogno di ogni macchina fotografica (infatti già circola un primo portfolio di foto con una serie di scatti realizzati fra l'arredo di casa Villani) ma con la macchina da presa è un'altra storia. E dunque iniziano le lezioni di recitazione, quelle che le ristrette finanze di Romilda possono permettersi, si lavora sulla dizione e sulla posizione dei piedi, ci

which is now only remembered because "Loren was in it", even though that wasn't her actual name at the time: Sofia Scicolone barely appeared in one scene of Cuori sul Mare *(Hearts at Sea), a story of good sentiments, bad smugglers, and temptations in love. She appears sat at a table in the famous Zì Teresa restaurant, her large, intimidated eyes staring at nothing in particular, just a short distance from the icy gaze of the protagonist, Doris Dowling. This was the bad girl of 1940's American cinema, the mysterious rice weeder in* Riso Amaro *(Bitter Rice), and sister of Constance Dowling, the girl over whose love Cesare Pavese (known Italian poet and writer) killed himself. As was the custom of that time, the photographic picture story of the film was published in* Film-Romanzo *magazine the very same year. In that version, a few more frames were dedicated to Sofia. It wasn't much, really, but her course was now set, and she had now gotten serious about her ambitions. A beauty as open and simple as hers – like a goddess come to Earth – is every photographer's dream. Indeed, at the time there was already a first portfolio containing shots of her taken in the Villani family home in circulation. But film cameras were a different matter altogether. She began taking acting lessons, as many as Romilda's restricted finances would allow. She worked on diction, the positioning of her feet, facial expressions, and offering herself to the camera in a manner which would not highlight her well-shaped nose, and which would not dominate fellow actors with her above average height,*

si concentra sulla maschera e sulle espressioni, si impara a offrirsi a favore di camera senza esaltare il naso ben disegnato e senza sovrastare attori e attrici con un'altezza fuori media già allora che Sofia è una ragazzina di 16 anni.

A portare a Roma mamma e figlia è *Quo vadis*, un kolossal da 100 set, 20.000 comparse e 32.000 costumi, sette milioni di dollari di investimento come risposta della Metro Goldwin Mayer al filone biblico inaugurato dalla Paramount con *Sansone e Dalila* e dalla Fox con *David e Betsabea*.
Il film di Mervyn LeRoy è la prima megaproduzione Usa girata nella Cinecittà del dopoguerra, di fatto l'inizio di un quindicennio in cui produttori, attori e registi non faranno che viaggiare al di là e al di qua dell'Atlantico. È bastato qualche anno di rodaggio a ridosso del '46 (l'anno della riapertura degli studios costruiti nel '37 in via Tuscolana per far risorgere la storica Cines, distrutta da un incendio) e già si capisce che il vento della ripresa spira da queste parti, nella sconfinata campagna che all'epoca circonda la cittadella del cinema alla periferia orientale di Roma. Dove, nel '49 - l'anno in cui Tyrone Power sceglie la città eterna e la chiesa di santa Francesca Romana per sposare Linda Christian - René Clair gira *La bellezza del diavolo*, un'incursione nel mito di Faust riscritta dal commediografo Armand Salacrou, e l'anno dopo Vit-

at just sixteen years of age.
The film which took mother and daughter to Rome was Quo Vadis. *This epic film was made using 100 sets, 20,000 extras, 32,000 costumes, and Metro Goldwyn Mayer's investment of seven million dollars: their answer to the biblical trend started by Paramount's* Samson and Delilah, *and Fox's* David and Bathsheba.
Mervyn LeRoy's film was the U.S.' first mega-production shot in post-war Cinecittà, and it marked the beginning of a fifteen-year spell in which producers, actors, and directors did little else other than fly backwards and forwards over the Atlantic. The studios had been built in via Tuscolana in 1937, in order to resuscitate the historical Cines, which had been destroyed by a fire. They were reopened in 1946, and it only took a very short while to understand this was the ideal place to shoot films. The endless countryside which at the time surrounded Italian cinema's stronghold, in the city's eastern outskirts, provided a perfect location. This was where Renè Clair shot La Bellezza del Diavolo (Beauty and the Devil, *for British and American audiences) in 1949, an incursion into Faust's myth, rewritten by playwright Armand Salacrou. This was the same year that Tyrone Power married Linda Christian in the Saint Francesca Romana church in the Eternal City. Just a year later, Vittorio De Sica finished* Miracolo a Milano (Miracle in Milan), *and Fred Zimmerman made the intense film* Teresa. *1951 was the year of* Umberto D. *and Jean Renoir's arrival with* Le Carosse D'Or (The

1952

1952

torio De Sica firma *Miracolo a Milano* e Fred Zinnemann l'intenso *Teresa*; il '51 è l'anno di *Umberto D.* e dell'arrivo di Jean Renoir per un primo sopralluogo de *La carrozza d'oro*, il film che sta costruendo intorno al talento drammatico e beffardo di Anna Magnani, poi sarà la volta dell'irresistibile *Sabrina*, della Gardner splendida protagonista di quel dramma passionale a forti tinte che è *La contessa scalza*, del Negulesco in versione sentimentale di *Tre soldi nella fontana*, del maestoso *Guerra e pace* di King Vidor che al suo penultimo, tormentato, film sceglie di avere accanto Mario Soldati come regista delle scene di battaglia.

Autentici capolavori, ma naturalmente a Cinecittà si girano anche pellicole senza storia e senza futuro, buone a sfruttare commercialmente il momento d'oro della cinematografia italiana inaugurato nel decennio precedente da Roberto Rossellini che con *Roma città aperta* - più ancora che Luchino Visconti con *Ossessione* - aveva imposto il neorealismo e gli autori italiani nel mondo, aprendo insperati mercati esteri che negli anni successivi sarebbero tornati nella Hollywood sul Tevere in forma di produttori e finanziatori. Il che non risparmia allo stesso Rossellini una violenta ondata di attacchi mentre sta dirigendo *Stromboli terra di Dio*, sotto il vulcano che erutta veramente e accanto alla nuova compagna Ingrid Bergman: i benpensanti gridano allo scandalo, i due sono entrambi sposati e

Golden Coach), a film he built around Anna Magnani's almost mockingly confident dramatic talent. Later came the irresistible comedy Sabrina, *Ava Gardner's splendid performance in the colourful, passionate drama* The Barefoot Contessa, *Negulesco's sentimental* Three Coins in the Fountain, *and King Vidor's majestic* War and Peace: *his penultimate, arduously made film, with Mario Soldati beside him to direct the battle scenes.*

These were all veritable masterpieces, but naturally, many films without a story and without a future were also made in Cinecittà. These films managed to commercially exploit the purple patch of Italian films inaugurated a decade earlier by Roberto Rossellini, who had imposed neorealism in cinematographic culture with Roma Città Aperta *(Rome, open city), even more so than Luchino Visconti with his film* Ossessione. *The success of the movement prompted the opening up of the foreign market, and in the years to come foreign producers and financers would flood into the Roman version of Hollywood. All this didn't save Rossellini from a wave of criticism while filming* Stromboli *– at the feet of the volcano which actually erupted – together with his new partner Ingrid Bergman. The conservative crowds were outraged by the fact they were both married, and therefore living in sin. This was Bergman they were talking about: Alfred Hitchcock's muse, and an actress who was revered in the United States as the perfect embodiment of morality. Just a few years later, Sofia, the girl from Via Solfatara, would find herself embroiled in a simi-*

1953

1953

dunque vivono nel peccato, proprio la Bergman, diva cult di Alfred Hitchcock, che negli States è osannata come esempio di perfetta moralità. Di lì a qualche anno anche Sofia, la guagliuncella di via Solfatara, si sarebbe trovata al centro di un analogo scandalo, ma questa è una vicenda successiva al passaggio da Sofia a Sophia. E per arrivarci bisogna che Romilda e sua figlia comincino la loro scalata al mondo della settima arte. È con questo obiettivo che si presentano entrambe al casting di *Quo vadis* ed è così che anche Romilda si guadagna la sua paga da comparsa in quella folla immensa di figuranti dove c'è persino Liz Taylor nelle vesti di una cortigiana e dove, ironia della sorte, c'è pure l'unica donna che Riccardo Scicolone abbia portato all'altare, la milanese Nella Rivolta.

Sofia è in più riprese, sempre in scene di massa, un passaggio veloce come schiava di Plauzio, poi in prima fila fra la folla plaudente: nella scena si sporge, busto inarcato, per lanciare fiori a Marco Vinicio tornato vittorioso da tre anni di guerra, e sorride. Quel sorriso, filmato per pochi secondi, passa inevitabilmente inosservato: lei però impara subito a portarlo in giro sui set di tutti i film in lavorazione durante le lunghe riprese del kolossal di LeRoy. Persino in quel drammone sentimentale, con tanto di morte e redenzione finale del protagonista peccatore, che è *Il voto* di Mario Bonnard, dove la piccola Scicolone appare come una ragaz-

lar scandal. However, this episode would come after her transformation from Sofia to Sophia. And in order to get there, Romilda and her daughter had to begin their ascent in the world of the cinema. With this objective in mind, they turned up at the casting sessions for Quo Vadis. *As fate would have it, they were both cast together amongst an immense mass of extras which included Liz Taylor in the role of a courtier, and ironically, also included the only woman Riccardo Scicolone ever married: Nella Rivolta.*

Sofia takes part in several scenes, always in crowds. She quickly passes by onscreen as one of Plautius' slaves, and later on again she appears in a crowd of applauding people: in this scene she leans forward, and smiling, throws flowers for Marcus Vinicius, who has returned victorious from three years at war. Inevitably, that smile, filmed for only a few seconds, goes by unnoticed: however, she quickly learned to wear it around the sets of all the productions being made during the lengthy filming of LeRoy's colossal epic. The smile is seen again and again, even in Mario Bonnard's sentimental drama Il Voto, *featuring death and redemption for the sinning protagonist. Here, a young Scicolone stars as a girl at the Piedigrotta feast. She would later become a secretary/typist in Giorgio Simonelli's cheerful farce* Io Sono il Capataz, *a preview of* Banana Republic. *Then came her appearance in* TotoTarzan: *Totò's version of Mowgli is abandoned in the jungle so that both his inheritance and privileges of nobility are lost. Sofia*

1952

1952

za alla festa di Piedigrotta. Per poi trasformarsi in segretaria-dattilografa in quell'allegra farsa, un anticipo di Banana's Republic firmato da Giorgio Simonelli, che è *Io sono il Capataz* e poi ancora, per *TotoTarzan*, in una delle ragazze al seguito di un Totò in versione Mowgli, abbandonato da bambino nella giungla per sottrargli eredità e privilegi nobiliari. O ancora in una delle sposine rapite e tenute prigioniere dal mostro (*Le sei mogli di Barbablù* di Carlo Ludovico Bragaglia) oppure in ballerina di fila per Mario Mattoli (*Il padrone del vapore*) o per la coppia Lattuada-Fellini che con *Luci del varietà* firma un omaggio caustico e malinconico, già profondamente felliniano, al mondo dell'avanspettacolo e alla vita amara degli attori di varietà nelle loro tournée di provincia. Comparsate mute, quelle di Sofia, senza battute e senza il nome nei credits, ma la paga è buona e la possibilità di farsi notare concreta. E siccome è questo il chiodo fisso di Romilda, fra una comparsata e l'altra la futura Loren si dedica da subito, e con determinazione, ai fotoromanzi.

Il cinema dei poveri

Gli intellettuali storcono il naso, lo liquidano sbrigativamente come "il cinema dei poveri" e pensano che non sia il caso di ritornarci su. Sono

had the role of one of the girls in his group. There was a role for her as one of the young wives kidnapped and held prisoner by the monster in Carlo Ludovico Bragaglia's Le Sei Mogli di Barbablù, as well as that of a ballet dancer for Mario Mattioli in Il Padrone del Vapore. Sofia also appeared in Luci del Varietà (Variety Lights), Lattuada and Fellini's melancholic, caustic, and already profoundly fellinian homage to the world of theatre, and the bittersweet lives of variety actors on their tours of provincial Italy. Sofia had no lines in her brief appearances, and her name was never included in the credits, but the pay was good and there was a good chance of getting herself noticed. Since Romilda's dedication to her daughter's career was so strong, Sofia began concentrating on photographic picture stories in-between her various appearances as extras.

"Poor man's cinema"

The intellectuals would turn their noses up, quickly dismissing it as "poor man's cinema", not worthy of a second glance. Very few people actually had the patience to explore the essentials needs that were expressed, or the emptiness that picture stories portrayed. Only a few realized that rather than "poor man's cinema", picture stories were actually a form of women's cinema: consider that women rarely went to the cinema in post-war Italy, and that often their first experience of a language

1952

1952

davero pochi quelli che si interrogano sui bisogni che esprime e sui vuoti che denuncia la lettura dei fotoromanzi; pochissimi quelli che rilevano che più che il cinema dei poveri sia in realtà il cinema delle donne, che nell'Italia postbellica in sala non vanno con dimestichezza e che spesso solo attraverso le nuvolette del testo imparano a leggere e a conoscere un'altra lingua che non sia il dialetto. E dire che questi pronipoti del feuilleton francese, rivisitati con l'aggiunta determinante dei disegni prima e delle foto poi, vengono pubblicati, nella fase d'inizio, da nomi come Rizzoli e Mondadori. E che al pari della televisione, sulla quale invece si discuterà senza fine e si scriverà a fiumi, sono - per un target provinciale e periferico, il meno raggiunto dagli altri media - una delle vie italiane alla modernizzazione. Per un aspirante attore o un'aspirante attrice, poi, i fotoromanzi hanno l'impagabile pregio di accontentarsi di bei visi e bei corpi senza pretendere dizione impeccabile e capacità d'interpretazione. E, soprattutto, riescono a dare quella popolarità solida che solo il favore del grande pubblico sa garantire.

Sofia, che in quanto a bel viso e bel corpo non è seconda a nessuno, non ci mette niente a diventare una diva di carta. Nel '50 - dopo aver cambiato in Lazzaro, su suggerimento del direttore della rivista, un cognome poco artistico e forse poco amato

that wasn't the local dialect was reading the film's subtitles. Descendants of the French feuilleton genre, they differed in that they contained both drawn pictures and photos. Originally they were published by big names such as Rizzoli and Mondadori. Whereas discussions and critiques of television was more than abundant at the time, picture stories were aimed at an audience that was left largely untouched by other forms of media. The fact remained, however, that they were as much a part of modernization in Italy – at least for its intended target group – as television was for the rest of the country. Picture stories also had one priceless advantage: aspiring actors everywhere could show off their glowing countenances and perfect physique without having to worry about diction or acting skills. All in all, it could be considered as being similar to the procedure carried out by neorealism: using unknown actors plucked off the street. What picture stories really achieved was that solid popularity that only the great general public's appreciation can guarantee.

In terms of beauty and physique, Sofia came second to none, so becoming a heroine on paper was a breeze. In 1950, Sofia changed her somewhat unglamorous surname to Lazzaro, after the editor of Sogno magazine suggested that Scicolone would not be very popular with the readership That same year she made her first front cover. She was pictured on Sogno together with her co-star Corrado Alba for the launch of Non Posso

1952

1952

- si guadagna la copertina di "Sogno", la prima, dove è fotografata in barca assieme al co-protagonista Corrado Alba e al lancio di presentazione di *Non posso amarti*: "L'eterna canzone del mare, il respiro infinito delle onde e del cielo, ancora una volta accompagnano il miracolo dell'amore".

La formula funziona, l'anno successivo Sofia Lazzaro si vede pubblicata la prima biografia, rimaneggiata quanto occorre per affascinare i fans che già sono tanti e già le chiedono autografi e la inondano di lettere e proposte di matrimonio. Dalla "bellezza violenta e aggressiva", così viene presentata, di *Non posso amarti* (in linea col plot imbastito intorno a una ragazza di umili origini ben decisa a vendicare l'assassinio del padre ma ignara d'essere stata folgorata d'amore per il presunto omicida) alla bellezza "selvatica" di *Prigioniera di un sogno*, pubblicato dall'inizio del '52 sempre su *Sogno*, il passo è breve. Ma i quattordici mesi che sono passati già segnano una differenza: elegante e ingioiellata, fra scollature mozzafiato e frotte di uomini adoranti nel locale di Marsiglia dove si esibisce come cantante-entreneuse, la bellezza di Sofia si fa più densa, arricchita da quel tratto di sensualità che la definisce ancora adesso e da uno sguardo che inizia a nutrirsi di interiorità. Perché ci si fanno le ossa, con i fotoromanzi, e in fretta. I tempi di lavorazione sono compressi e spesso si accavallano, quelli di pubblicazione non superano

Amarti *(I cannot love you)*: "The eternal song of the sea, and the infinite breath of waves and sky once again hand in hand with the miracle of love".

The formula worked. Sofia Lazzaro's first biography was published the following year. It was reworked just enough to charm and tantalize her fans. They were becoming ever more numerous, and would ask for autographs, send letters, and even marriage proposals. In *Non Posso Amarti*, her beauty was described as "aggressive and violent", which went well with the tacky plot about a girl of humble origins determined to get her revenge for the murder of her father, but who is unaware that she is falling in love with the presumed killer. Later, her "savage" beauty was portrayed in *Prigioniera di un Sogno (Prisoner of a Dream)*, published in *Sogno* from early 1952 onwards. Sofia underwent an important change in the fourteen months that passed in between: she became much more elegant; bedecked in jewellery, she would wear low-cut dresses that took the breath away, and would have legions of adoring men ogling her at the nightspot in Marseille where she performed as a singer/entertainer. Sofia's beauty became more intense, enriched by that vein of sensuality which still defines her today, and a look which began to reflect a more complex inner life. Sofia gained a wealth of experience working with her picture stories, and in a very short time, too. Picture story production times are compacted and they often overlap with each other. Publication times generally didn't exceed five or six

1953

1953

i cinque-sei mesi: i lettori aspettano la prossima uscita per appassionarsi alla nuova avventura di quelli che considerano i propri "attori" preferiti.

In quei quattordici mesi al curriculum di Sofia si sono aggiunti *Principessa in esilio* (un puro melò dove interpreta una popolana "selvaggia e scontrosa" che finisce col suicidarsi di fronte all'evidenza di un amore impossibile e dove incontra il primo flirt accreditato, il cantante e attore Achille Togliani) e *Il giardino di Allah*, versione su carta di un film del '36 con la Dietrich e Charles Boyer che vede Sofia nei panni, ridotti all'essenziale, di un'inquietante danzatrice araba. È così che si afferma il marchio della bellezza esotica che contrassegnerà, di lì a poco, anche i primi film che la vedono finalmente protagonista: un marchio sostenuto dal suo fisico prorompente e aggressivo e alimentato dalla voglia di evasione dei consumatori delle riviste e del cinema commerciale, un modo come un altro per controbilanciare gli affanni del quotidiano dei difficili anni '50.

Il quinto fotoromanzo girato da Sofia Lazzaro è anche l'ultimo. Il titolo è *L'adorabile intrusa*, il personaggio quello di un'affascinante slava che fa perdere la testa a un giovane medico per poi mollarlo con uno sbrigativo "Soffrirai un po' e poi mi dimenticherai" stampato nella nuvoletta del parlato. Con la stessa frettolosa disinvoltura con cui si è liberata dell'irrisolto dottorino (interpretato da

months: the readers would always wait impatiently for the next issue, wanting to get their teeth into the new adventures of those they considered to be their favourite actors.

In those fourteen months, Sofia added Principessa in Esilio *(Princess in Exile) to her résumé. This was pure melodrama. Sofia played the role of a "savage, surly" woman of the people, who ends up committing suicide as a result of an impossible love. This was also where she had her first 'official' real-life fling, with the actor and singer Achille Togliani.* Il Giardino di Allah *(The Garden of Allah) was a photographic version of the 1936 film starring Marlene Dietrich and Charles Boyer. A sparingly dressed Sofia played the role of an unsettlingly sensual Arabic dancer. This was the first sign of the exotic beauty which would become her trademark in future starring roles: a trademark supported by her voluptuous, aggressive physique, and fed by the magazine readers' and cinemagoers' need for escapism. For them, it was just another way to counterbalance the difficulties of everyday life in the 1950's.*

Sofia Lazzaro's fifth picture story was also her last. In L'Adorabile Intrusa *(The Adorable Intruder), she played a mysteriously fascinating Slav girl for whom a young doctor falls head over heels. She then dumps him with a quick "It'll hurt for a while, but then you'll forget me" printed in the speech bubble. With the same breezy nonchalance she used to dump the poor doctor (Antonio Cifariello, Sofia's fishmonger's beloved Nicol-*

1952

1952

Antonio Cifariello, l'amatissimo Nicolino della pescivendola di *Pane, amore e …*), Sofia saluta il pubblico dei fotoromanzi e se ne va. Va verso il cinema vero, anche se è quello di carta che l'ha resa sicura di sé e soprattutto di quello che vuole.

Da un set a una passerella a un altro set, di corsa

Quello che Sofia vuole, quello che mammina vuole, non sono neppure i concorsi di bellezza. Ma anche questo è un prezzo da pagare, tappa più o meno obbligata di un viaggio che ha tutt'altra meta. Un inutile tentativo a Cervia, dov'è in palio il titolo di Regina delle Sirene dell'Adriatico, poi un altro più produttivo a Salsomaggiore, dove le ragazze sfilano in un due pezzi per l'epoca audacissimo e Sofia chi sa perché si è iscritta col cognome Villani: il titolo di Miss Italia non lo vince (il premio va ad un altro nome che oggi nessuno ricorda: Anna Maria Bugliari, giusto per completezza di cronaca) ma almeno può accontentarsi di un Miss Eleganza improvvisato da quella parte di giuria che non la pensa come lo scrittore Orio Vergani, "Troppo alta, troppo magra, troppo poco donna, troppo adolescente". Più lungimiranti i giurati del concorso successivo, Miss Lazio, che nonostante l'ingombrante costume da cociara attribuiscono alla futura Sophia un secondo premio.

ino in Pane, Amore e… - *Scandal in Sorrento*), *Sofia waves goodbye to her picture story fans and moves on. Her next stop is "true" cinema, even though she recognizes that the paper version has given her the confidence she requires to get what she wants.*

From the Film Set to the Catwalk and Back Again

Neither Sofia nor her mother wanted her to participate in any more beauty contests. The fact was, however, they were a more or less obligatory price to pay on a journey that was actually headed for a completely different destination. Her first attempt ended in failure at Cervia, where the title of Queen of Mermaids of the Adriatic Sea was up for grabs. A rather more productive contest for Sofia was held at Salsomaggiore where the girls paraded in two-piece swimsuits, which was very daring at the time. For some reason Sofia entered the contest with the surname Villani. She did not win the title of Miss Italy (first prize went to a name no-one now remembers: just for the record, it was Anna Maria Bugliari), but had to make do with the title of Miss Elegance. It was actually improvised just for her by those jurors who did not concur with the writer, Orio Vergani: "Too tall, too thin, too unladylike, too much of an adolescent". The jurors of the following contest for Miss Lazio proved themselves to be a little more far-sighted. In spite of her clumsy Ciociaria-style dress, the soon-to-be Sophia won

Elezioni di Miss Cinema al
Belvedere delle Rose
1953

*Miss Cinema Contest at
Belvedere delle Rose
1953*

Sofia, che è una che impara in fretta, tira dritto per la sua strada e chiude con le passerelle con la stessa risolutezza con cui ha detto addio ai fotoromanzi: nessuno se l'immagina adesso, neanche lei, eppure fra mezzo secolo ai concorsi di bellezza ci tornerà, e nel prestigioso ruolo di presidente della giuria (Miss Italia 2001 e Miss Italia nel Mondo 2004). Ora però è il momento di concentrarsi sul cinema, ormai diventato un sogno tutto suo. Da perseguire - e non ci vorrà molto perché se ne presenti l'occasione - anche senza la piena approvazione di Romilda.

A 17 anni, ma forte della grande popolarità conquistata sulle pagine di *Sogno* e di *Cine Illustrato*, Sofia Lazzaro vede per la prima volta il suo nome nei credits di *Milano miliardaria*: la parte è quella di commessa in una pasticceria, senza battute e senza nome nel cast (è solo "una commessa"), ma le inquadrature restituiscono un'immagine prepotente e accattivante che da adesso, siamo nel '51, il cinema non potrà più ignorare. Né quando vestirà, per due sole sequenze, gli abiti dimessi di una ragazza della pensione dov'è incentrata l'azione di *Lebbra bianca*, un film che sia pur tangenzialmente anticipa il tema del traffico di stupefacenti, né come sposina nel *Mago per forza*, di nuovo col regista Massimo Girolami, né tanto meno in *Era lui!... sì sì* che di ruoli gliene offre due, modella in abito da sposa e

second prize.
Sofia was a quick learner, and said goodbye to the catwalks with the same determination she had shown when leaving the world of picture stories. She now wished to concentrate fully on her dream: cinema. She would soon get her chance, and would take it even without Romilda's full approval.

Fresh from her success on the pages of Sogno *and* Cine Illustrato, *a seventeen year-old Sofia Lazzaro got her name in the film credits for the first time. The film was* Milano Miliardaria, *and she played a sales clerk in a confectioner's shop. She didn't have any lines, and the character didn't have a cast name (she was simply "a sales clerk"), but the film shows a confident, winning look that the world of cinema would no longer be able to ignore, and this as early as 1951. The same effect was to be had in her two scenes in* Lebbra Bianca, *a film which took an early look at the subject of drug trafficking, albeit in a rather marginal manner. Here, she played a humble girl renting a room in a* pensione. *Other roles included that of a young bride in* Mago per Forza, *working again with the director Massimo Girolami, and a dual role – that of a wedding dress model as well as an odalisque in damask and veils – in* Era Lui!... Sì Sì. *In France – where censure was much less oppressive than in Italy – the film included a few shots of a topless Sofia. At that time, there reigned in post-war Italy a strict intransigence on all manner of*

La tratta delle bianche
1952

Ship of condemned women
1952

odalisca in veli e damaschi. Con l'aggiunta di qualche fotogramma in topless ma nella sola versione francese, meno oppressa dalla censura: al riguardo l'Italia del dopoguerra sfodera un'intransigenza che, per quanto sostenuta dal perbenismo un po' bigotto dell'opinione pubblica, fa rimpiangere il periodo giolittiano (improntato anche in questo campo al liberalismo) e persino quello fascista che, fra scandali e clamori, aveva comunque lasciato passare i primi accenni di nudo femminile, quello di Vittoria Carpi nel muto di Alessandro Blasetti *La corona di ferro* (1940) e l'altro, di Clara Calamai, nella trasposizione su schermo del testo teatrale di Sem Benelli *La cena delle beffe* (1941, sempre a firma Blasetti). Ritrovate a distanza di anni, quelle foto osé di Sophia ai tempi di Sofia hanno fatto il giro del mondo: a guardarle oggi, colpisce senz'altro il confronto vincente con le bellezze siliconate dei nostri giorni ma ancora di più il sorriso impacciato e la posa maldestra che l'acerba sedicenne offre alla macchina da presa.

Intanto continua la corsa da un set all'altro, diciotto in soli due anni. Il ruolo successivo è in *Anna* di Alberto Lattuada, il primo film italiano ad incassare più di un miliardo, grande successo anche negli Usa dove la pellicola viene eccezionalmente doppiata. Sofia, che ha una piccola parte come assistente in un night club, sale un altro gradino della scala che la porterà in cima allo star system

immorality, aided by bigoted public opinion and their sham respectability. As a result, many would look back with fondness at the times of Giolitti (Italian statesman, also prime minister for several times between mid '800 and early '900), when such matters were treated more liberally. Even the now departed fascist regime was suddenly regarded as being more laissez-faire; amidst all the public outrage and clamour, they had tentatively allowed the first hints of female nudity to be displayed in the media: Vittoria Carpi's scenes in Alessandro Blasetti's silent film La Corona di Ferro *(1940), as well as Clara Calamai, in the screen adaptation of Sem Benelli's play* La Cena delle Beffe *(1941), directed once again by Blasetti. After all these years, those spicy pictures of Sophia taken when she was still Sofia have been seen around the world. Seeing them today, the most striking thing – apart from how favourably she compares with today's silicone-implanted beauties – are the awkward smile and clumsy stance that characterized the as yet unripe sixteen year-old.*

Sofia continued to race from one film set to another, for a total of eighteen films in two years. Her next role was in Alberto Lattuada's Anna, *the first Italian film to take over one billion lira at the box-office. The film was also a great success in the United States, thanks in part to its exceptional dubbing. In her small role as an assistant in a nightclub, Sofia climbed one more step towards success, as well as having the honour of her first spoken line. It was just the one word: "Mai!" (Never!), as a*

e ha l'onore della prima battuta: una sola, "Mai!", come risposta alle avances del protagonista Vittorio Gassman, ma funziona. Da ora in poi saranno ancora particine però inserite nel copione (come "l'amica di Giulietta", la protagonista Antonella Lualdi, nella commedia *È arrivato l'accordatore*) o addirittura con un loro nome nei titoli: Conchita nella parodia di Mario Soldati *Il sogno di Zorro*, il film del suo primo bacio cinematografico, oppure Elvira, una ragazza madre di poca salute ma di grande bellezza sulla quale si sofferma in lunghe inquadrature il drammone di Luigi Comencini *La tratta delle bianche*.

Qualcosa sta cambiando, quel tanto che basta perché Sofia Lazzaro si appresti a girare il suo ultimo film. Che è anche il primo da protagonista assoluta: *La Favorita*, versione cinematografica dell'opera di Gaetano Donizetti, passione e morte di Leonora di Guzman, amante favorita di Alfonso di Castiglia e sposa innamorata del giovane Fernando. La voce lirica non è ovviamente quella di Sofia, la doppia il soprano Palmira Vitali Marini, ma anche il canto è una rivincita che l'attrice riuscirà a prendersi una volta diventata Sophia. A segnare il cambio di nome è il suo secondo film da protagonista, *Africa sotto i mari*, ennesima pellicola low budget che però si concede riprese sottomarine girate fra Ponza e il Mar Rosso e una fotografia in Ferraniacolor

rebuttal of Vittorio Gassman's amorous advances, but it worked. From here on in, she would continue to get small parts, but always with a line or two (such as the friend of female lead Antonella Lualdi in the comedy È Arrivato L'Accordatore*) and sometimes the character's name would even be included in the end credits: her role, for example, as Conchita in Mario Soldati's parody* Il Sogno di Zorro, *which included her first onscreen kiss. Another credited character was that of Elvira, an unhealthy but beautiful young mother, upon whom the film frame settles for long, thoughtful shots in Luigi Comencini's drama* La Tratta delle Bianche *(Ship of condemned women).*

The times were changing, and Sofia Lazzaro was maturing enough to prepare for her next role, which would be her first as main protagonist. La Favorita (The Favorite) *was the film version of Gaetano Donizetti's opera about the passion and the death of Leonor de Guzman, Alphonse of Castille's favourite lover, and young Fernand's loving wife. The mezzo-soprano voice heard in the film is clearly not Sofia's, but she would have her chance to sing once she became Sophia. The changing of her name came with her second film as female lead:* Africa Sotto I Mari (Africa Under the Seas), *yet another low budget film. This one, however, had the luxury of a few underwater shots, as well as Ferraniacolor photography, which gave the film the same colours inaugurated in 1953 by Camillo Mastrocinque's* Tarantel-

In pausa sul set di
Africa sotto i mari
1953

On the set of
Africa Under the Seas
1953

che è premessa del colore che la Titanus di Goffredo Lombardo inaugura, in quello stesso 1953, con *Tarantella napoletana* di Camillo Mastrocinque. Anche *Africa sotto i mari* è un film che si ricorda giusto perché "c'era la Loren" che da adesso però si chiama proprio così: il plot è ridotto al minimo (la capricciosa figlia di un miliardario sudamericano che s'innamora del comandante dello yatch su cui è in crociera) ma lo è anche l'abbigliamento di Sofia – pardon, Sophia - che recita praticamente sempre in costume e in acqua, tant'è che per non rinunciare alla parte deve frettolosamente imparare a nuotare. E lei, si è capito, impara in fretta.

Dunque è il patron della Titanus (storica casa di produzione fondata a Napoli agli inizi del '900 e trasferita vent'anni dopo a Roma, negli stabilimenti della Farnesina dai quali usciranno capolavori internazionali come *Il Gattopardo* e *Nuovo Cinema Paradiso*) a scegliere per la ragazza di via Solfatara il nome che l'avrebbe resa famosa nel mondo. Voleva un nome internazionale, Lombardo, un nome che non denunciasse immediatamente le origini partenopee e comunque italiane. Un nome da esportare. Del resto è così che si fa, nel cinema: avrebbe avuto lo stesso appeal, Rita Hayworth, se avesse continuato a chiamarsi Margarita Carmen Cansino? Oppure Anne Bancroft, nata Anna Maria Louise Italiano? E Ricardo Cortez, lanciato come il successore di Rodolfo Valentino, avrebbe potuto impersonare l'amante latino del primo bacio ci-

la Napoletana, *financed and distributed by Goffredo Lombardo's Titanus production company.* Africa Sotto I Mari *is another one of those films that is now remembered just because "Loren was in it". That would be an unwittingly accurate comment, as her name had indeed become "Loren". The plot is as threadbare (whilst on a yachting cruise, the capricious daughter of a South American millionaire falls in love with the captain) as Sofia's – sorry, Sophia's – clothing. Her character spends practically all of her time both in a swimsuit and in the water. So as not to lose the part, Sophia quickly had to learn to swim. And, as we already know, she was a quick learner.*

Titanus was the historical film production company founded in Naples at the beginning of the 20th century, and which moved twenty years later to Rome, sharing its premises with the Farnesina public administration offices, and producing such international masterpieces as Il Gattopardo (The Leopard) *and* Nuovo Cinema Paradiso (Cinema Paradiso)*. The head of this legendary company himself chose the name that would make the girl from Via Solfatara renowned across the world. Lombardo wanted an international name; something that wouldn't give away so easily her Neapolitan – and therefore Italian – roots. He wanted a name that could be sold and exported. The solution was the addition of a sophisticated, liquid sounding 'ph' to her name, and a brand new surname without the vowel at the end, sounding rather exotic, and at the same time similar*

Un giorno in pretura
1953

A Day in Court
1953

nematografico di Greta Garbo se fosse rimasto il viennese Jake Kratz?

E dunque così dev'essere anche per Sofia: ecco un sofisticato ph che aggiunge un suono liquido al nome, ecco un cognome tutto nuovo e senza vocale finale, che fa molto esotico e richiama una diva del momento, la svedese Marta Toren. Et voilà, col mediocre *Africa sotto i mari* nasce la grande Sophia Loren. Battesimo approvato anche da Carlo Ponti, avvocato e direttore di produzione della Lux che è entrato nella vita di Sofia già da un paio d'anni. Da una sera romana in cui un produttore milanese quarantenne incrocia gli occhi verdi di un'aspirante attrice di 17 anni.

to that of Marta Toren, one of the great Swedish divas of the time. And voilà, *from the mediocre* Africa Sotto I Mari *came forth the great Sophia Loren. Her baptism was also approved by Carlo Ponti, the former lawyer and production director of Lux, who'd already been a part of Sofia's life for a couple of years: since that evening in Rome when the eyes of a forty year-old producer from Milan met the green, seventeen year-old eyes of the aspiring actress.*

I FAB FOUR DEL CINEMA MADE IN ITALY

Piangere si può fare anche da soli,
ma ridere bisogna farlo in due.

(M. Mastroianni, *Una giornata particolare*)

Non sarebbero state le stesse, la carriera e la vita della Loren, se lungo la strada sulla quale s'era incamminata sin da ragazzina non avesse fatto tre incontri. Con tre uomini che assieme a lei hanno costruito il suo, e il loro, destino facendo grande, al tempo stesso, il cinema italiano nel mondo. Perché il capriccio della fortuna esiste, come negarlo, ma è acqua che scorre: non ha solidità, non ha durata. Lo diceva, in *Quarto potere*, Orson Welles: "Solo una persona può decidere il mio destino, e quella persona sono io". Confermato da Totò, surreale e arguto come sempre e, come sempre, grande talento sprecato in piccoli film. In uno dei quali, *Gambe d'oro*, proclama convinto: "Basta con i colpi di fortuna, con le lotterie, coi telequiz, coi totosport, coi totototi. La fortuna bisogna guadagnarsela".

The Fab Four of Italian Cinema

*Crying can be done alone,
but it takes two to laugh.*

(M. Mastroianni, A special day)

Both Loren's career and her life might well have been very different had she not made three important encounters along the journey she had begun from a very young age. Those three men together with Sophia constructed theirs and Sophia's destiny, at the same time making Italian cinema great and world-renowned. There's no denying it: the whims of fortune exist, but they're like flowing water, in that they have no solidity, and they're there one moment, gone the next. Orson Welles had it right in Citizen Kane: *"There's only one person in the world who's going to decide what I'm going to do and that's me...". The same sentiment was echoed by Totò, surreal and sharp-witted as ever, a great talent wasted in so many small productions. In one of these,* Gambe D'Oro, *he determinedly proclaims: "Enough of this hoping for a lucky break, no more lotteries, no more TV quizzes, no more of the hundreds of different types of pools coupons and betting slips. We have to earn our luck".*

71

Un giorno in pretura
1953

A day in Court
1953

Carlo Ponti

Non è facile che passi inosservata, una ragazza come Sophia Loren. E infatti a Carlo Ponti basta vederla: sui set, di sfuggita, poi in un locale di Roma al Colle Oppio dove si sta svolgendo il concorso per Miss Lazio e dove il produttore milanese è andato insieme al regista e sceneggiatore Stefano Vanzina, Steno, col quale sta finendo di realizzare *Il brigante Musolino*.

Sul crinale degli anni '50 Ponti ha già una sua storia professionale: si è fatto le ossa all'Ata, Artisti Tecnici Associati, che ha fondato a Milano nel '40 con Leonardo Bonzi e Antonio Mambretti (primo film prodotto, *Piccolo mondo antico* con la regia di Mario Soldati), poi si è messo in proprio, a guerra terminata, con la Ata Produzioni Cinematografiche e si è consolidato con le pellicole di Totò, a basso costo e alto rendimento; lavora come producer alla Lux, la maggiore società di produzione di quegli anni (il solo *Lupo della Sila*, con Amedeo Nazzari, ha incassato 400 milioni), nel '49 ha rilevato gli stabilimenti della Arno Film, l'anno successivo ha fondato la Ponti – De Laurentiis insieme all'amico napoletano Dino, anche lui produttore esecutivo alla Lux, e col quale si appresta ad inaugurare lo stabilimento cinematografico alla Vasca Navale.

Quella sera a Colle Oppio è già una potenza, Carlo Ponti. E non ha difficoltà a sostenere la giovane So-

Carlo Ponti

A seventeen year-old like Sophia Loren was hard to miss. And for Carlo Ponti, one look was all it took: the first time was in a club in Rome, in Colle Oppio, where the Miss Lazio contest was being held. The producer from Milan went there together with the director and screenwriter Stefano Vanzina, towards the end of their collaboration on Il Brigante Musolino *(Outlaw Girl). Ponti already had a long history in the film industry. He gained experience with Artisti Tecnici Associati (ATA), which he had formed in Milan with Leonardo Bonzi and Antonio Mambretti, back in 1940 (their first release was Mario Soldati's* Piccolo Mondo Antico - *Old-Fashioned World). After the war, he began working alone with his ATA Produzioni Cinematografiche company, consolidating his position and company with a series of low cost/high output films starring Totò. He began working as a producer at Lux, at the time Italy's biggest production company (the film* Lupo della Sila - *Lure of the Sila - alone, starring Amedeo Nazzari, made around 400 million lira). In 1949 he obtained the Arno Film works on the Tyrrhenian coast, and began preparing for the inauguration of the premises at the old Naval base. In 1950, together with Dino De Laurentiis, his old friend from Naples and fellow executive producer at Lux, they founded the Ponti – De Laurentiis company.*

On that evening in Colle Oppio, Carlo Ponti was al-

Un giorno in pretura
1953

A day in Court
1953

fia Lazzaro per un provino o per una piccola parte, perché gli è bastato vederla e col fiuto dell'uomo di cinema ha visto *anche* dentro le pieghe di un temperamento ancora trattenuto, ancora tutto da esprimere. Qualcosa di molto simile a quello che è successo fra Dino De Laurentiis e Silvana Mangano, un sodalizio sentimentale e professionale che in uno stesso anno, il '49, è stato cementato da un matrimonio e da un film cult come *Riso amaro*: la sua protagonista - la mondina altera e irriverente, maglietta attillata e calze a mezza coscia - ha finito col diventare un'immagine simbolo del cinema italiano di quegli anni. La differenza è che Ponti è sposato. Una differenza sostanziale, per una ragazza cresciuta a Pozzuoli. Sophia si prende il suo tempo, si concentra sull'aspirazione a diventare attrice e continua a girare un film dietro l'altro. Con la faccia dipinta di nero e la voce doppiata dalla soprano Renata Tebaldi, è Aida nell'omonimo film di Clemente Fracassi, ed è grande successo: le musiche di Giuseppe Verdi dirette da Renzo Rossellini, il figlio del regista, portano la pellicola in giro per il mondo e insieme a loro vola anche la protagonista, bella come sempre e convincente come mai nel ruolo della regina degli Etiopi ridotta in schiavitù e sepolta viva per amore. Il suo momento non è ancora arrivato eppure il profumo inebriante della grande occasione è nell'aria, mischiato al piombo dei caratteri di stampa che per la prima volta ripetono il suo nome anche fuori d'Italia, anche oltre

ready a powerful man. It was easy for him to get Sofia Lazzaro through a quick audition and subsequent small roles. He just had to look at her, and with the instinct of a man of cinema, he was able to see right into the very depths of a still restrained nature, a nature that was still waiting to be fully expressed. A similar thing happened between Dino De Laurentiis and Silvana Mangano: in 1949, their relationship – both sentimental and professional – yielded both a marriage and a cult film, Riso Amaro. The film's protagonist – the haughty, irreverent rice weeder in a tight top and stockings and suspenders – became a cult symbol of Italian cinema at the time. The only difference was that Ponti was married. This was quite a large difference for a girl who grew up in Via Solfatara. Sophia took her time, concentrating on her aspirations, making one film after another. With her face "blacked up", and her voice provided by the soprano Renata Tebaldi, she played Aida in Clemente Fracassi's film of the same name. It was a great success: Giuseppe Verdi's music, directed by Renzo Rossellini (son of film director, Roberto), helped to sell the film right across the world, and with it, the main protagonist. She was beautiful and convincing as ever in her role as the Queen of Ethiopia, enslaved and later buried alive for love. Her big break had not yet arrived, but the sweet perfume of approaching success was in the air: under contract with Ponti, Loren was a permanent fixture around the sets. Her swaying hips, generous bust, and long legs were carrying Sophia along the road to real success. Along

Con Alberto Sordi
Due notti con Cleopatra
1954

With Alberto Sordi
Two Nights With Cleopatra
1954

Atlantico.

Sotto contratto con Ponti, la Loren è una presenza fissa sui set, fianchi ondeggianti e seno inarcato, le lunghe gambe in corsa verso il successo vero. Nella cui attesa è la Marisa di *Ci troviamo in galleria*, esordio cinematografico di Mauro Bolognini che, nella location della galleria Colonna a Napoli, prova a raccontare il mondo degli attori di avanspettacolo; subito dopo è Ines nel film di Anton Giulio Majano *La domenica della buona gente*, musicato da Nino Rota e ispirato a un radiodramma dello scrittore Vasco Pratolini che tratteggia tre vicende, tre sogni infranti, intorno a un incontro di calcio Napoli-Roma: il nome di Sophia è il secondo sul manifesto, la sua foto buca il collage della locandina. Dell'inatteso successo di *Un giorno in pretura* - che ha come diretta conseguenza l'irresistibile ascesa di Alberto Sordi, alla vigilia della consacrazione con *Un americano a Roma* – Sophia partecipa come uno dei quattro protagonisti ossia degli altrettanti malcapitati che si ritrovano "imputati di qualcosa", come preannuncia con voce minacciosa il trailer di presentazione, e affollano l'aula del pretore Peppino De Filippo: nel film di Steno, Sophia, tailleur strizzato in vita e temperamento focoso, è Anna, una prostituta-ladra tutt'altro che pentita ma ben decisa a scagionare un sacerdote dalle ingiuste accuse che l'hanno portato in tribunale. Ha magnetismo, grinta e presenza, Anna, ed è talmente prorompente il suo ingresso in aula che

the way she played Marisa in Ci Troviamo in Galleria, *Mauro Bolognini's largely unremarkable directing debut. Set in the Colonna Galleria in Naples, the film tells of the world of theatre actors and the industry. After that came her role as Ines in Anton Giulio Majano's* La Domenica della Buona Gente *(Good Folk's Sunday), scored by Nino Rota. This production was adapted for the big screen from Vasco Pratolini's radio play, and centres around three different happenings; three broken dreams set against the backdrop of a football match between Napoli and Roma: the second name on the film poster is Sophia's, and her picture is part of the poster collage. Then came the unexpected success of Steno's* Un Giorno in Pretura *(A Day in Court), the film which marked the beginning of Alberto Sordi's irresistible ascent, later consecrated with* Un Americano a Roma *(An American in Rome). Sophia played one of the four unlucky figures "accused of something", as the menacing voice announces in the trailer. The four characters all find themselves in the magistrate's office (played by Peppino De Filippo). Sporting a smart suit, tightened at the waist, and a hot-blooded nature, Sophia plays the part of Anna, an unrepentant thief. Small roles were to follow (as the sparkling Bonbon in the musical farce* Il Paese dei Campanelli *(The Country of the Campanelli), and a hustling dancer in Andrea Forzano's B-movie* Pellegrino D'Amore *(Pilgrim of Love) as she prepared for the main part in* Due Notti con Cleopatra *(Two Nights With Cleopatra). Actu-*

Il paese dei campanelli
1953

The Country of the Campanelli
1953

alcuni preti del bresciano si sentono diffamati e presentano risentiti esposti alla Procura della Repubblica. Tutta pubblicità, per un'attrice in ascesa. Come il vivace giro di gossip che s'era scatenato intorno al film precedente, *Il paese dei campanelli*, una farsa musicale di molte pretese e pochi risultati dove la Loren è una spumeggiante e infedele Bonbon e dove recita anche Achille Togliani, la love story degli anni dei fotoromanzi: la stampa ci ricama un po' su, il pubblico si appassiona alla vicenda, ma Togliani si limita a rendere dichiarazioni da gentleman. Sophia sceglie il silenzio, ha accanto Ponti e dinanzi una carriera per la quale è già lanciatissima: torna a fare la ballerina, in versione truffaldina, per un B-movie firmato Andrea Forzano, *Pellegrini d'amore*, e si prepara alla parte protagonista in *Due notti con Cleopatra*. Anzi alle due parti protagoniste, la regina egiziana e il suo doppio Nisca, e se il film è tirato via senza molta cura da un Mattoli al suo cinquantanovesimo film in vent'anni, a nessuno sfugge la scena della piscina con Cleopatra che volteggia a pelo d'acqua e s'intuisce vestita solo della corona e dei lunghi capelli neri: un fotogramma che qualcuno vorrebbe usare per spingere il lancio della pellicola ma che sparisce rapidamente dal montaggio e dalla circolazione.

Di nuovo in costume, ma questa volta in quello della Roma tardoimperiale, la Loren di *Attila*, un'altra produzione Ponti – De Laurentiis dove nel ruolo

ally, make that both main parts: that of the Egyptian queen, and her doppelganger, Nisca. This was Mattoli's fifty-ninth film in twenty years, and as such it does feel a little rushed, but it contains an unforgettable scene: as Cleopatra twirls just under the surface of the water, the viewer can just make out she's wearing only her crown and her long black hair. Some wanted to use this frame to help sell the film, but it rapidly disappeared from circulation in editing. In Attila, *Loren once again donned a period costume, this time of late Imperial Rome. Fresh from his role as the coarse Zampanò in Fellini's* La Strada, *Anthony Quinn played the fearsome Hun in this Ponti – De Laurentiis production.*

In 1954, the year of her twentieth birthday, Sophia had already racked up twenty-seven films. And even if a large part of those were of questionable quality, there was no doubt her career was well on its way. Her popularity continued to increase, and she was always present in all of the most important events. She had slowly but surely risen through the ranks, and the inevitable starlet photos (in swimsuits, underwear, laid on the floor with a feline, Rita Hayworth look, legs on display on the balcony of her home) were now behind her. She did participate at the Miss Cinema beauty contest at the Belvedere delle Rose, but this time as a guest, rather than as one of the contenders. At the opening night of On the Waterfront *at the Fiamma cinema, she sat next to Marlon Brando, the current idol of the Roman masses, and her future co-*

del temibile Flagello di Dio c'è un Anthony Quinn che ha appena smesso i panni del rozzo Zampanò per Fellini e *La strada*.

Ventisette film, sinora, nel curriculum di Sophia, e siamo appena al 1954, la data dei suoi vent'anni. E se le pellicole sono in buona parte discutibili, fuori discussione è che lei navighi vele al vento. La sua popolarità è in continua ascesa, la sua presenza costante in tutti gli appuntamenti "che contano": i prezzi alla gavetta li ha pagati stando bene attenta a ridurli al minimo, gli anni delle inevitabili foto da starlet (in costume da bagno, in sottoveste, sdraiata in terra con lo sguardo felino di una Rita Hayworth, le gambe ben in mostra sul balcone di casa) sono dietro le spalle. Adesso è da ospite che partecipa all'elezione di Miss Cinema al Belvedere delle Rose o alla prima di *Fronte del porto*, al cinema Fiamma, dov'è seduta proprio accanto a Marlon Brando, attuale idolo delle folle romane e suo futuro partner nel film di addio di Charlie Chaplin *La contessa di Hong Kong*. Ospite è anche alla Quadriennale di Venezia e poi ancora al rally del cinema dove - siamo nel '56 - l'aspetta il privilegio di una targa col suo nome. Perché fra studio, letture e frequentazioni colte, l'attrice sta costruendo una nuova immagine di sé, più vicina a quella che s'era andata costruendo mentalmente nei momenti duri degli inizi: i paparazzi, ineguagliabile memoria degli eventi e del costume di quegli anni,

star in Charlie Chaplin's final film, A Countess from Hong Kong. *She would later be a guest at the Venice Quadriennale festival, and, in 1956, at the cinema rally, where received the honour of a plaque dedicated to her. Amidst a flurry of studies, lectures, and frequenting intellectual circles, the actress was constructing a new image for herself: the paparazzi – peerless recorders of the events and costumes of the age – took her picture as she entered the Bulgarian sculptor Assen Peikov's studio in Via Margutta, Leonardo da Vinci's studio at Fiumicino airport in Rome, at the Eliseo theatre for the opening night of* Zio Vania, *or embracing the world of haute couture, pictured radiant and graceful in the arms of the designer Emilio Schubert.*

Carlo Ponti's guiding hand was clearly behind this evolution, and no longer mammina Romilda's. *Despite the transformation, her temperament and tenacity remained intact, as well as the determination of a young woman who had already begun looking to the future while kids her age were still playing with dolls. She had decided since then to make her mark, but in her own way: in 1957, the actress married the producer by proxy in Mexico. This was because he already had a wife in Italy, making him a bigamist, and her a concubine. The prospect of the new divorce law was still far away. The only possible annulment can be granted by Sacra Rota, the ecclesial court as by the Roman Catholic Church law, and that was to them denied. Yet a minor punishment if compared to another celebrity couple Fausto Coppi (the*

Attila
1954

Attila
1954

la ritraggono mentre visita lo studio in via Margutta dello scultore bulgaro Assen Peikov, quello del Leonardo da Vinci all'aeroporto di Fiumicino, oppure al teatro Eliseo per la prima di *Zio Vania* o mentre si accosta al mondo dell'alta moda e con naturale grazia si fa fotografare radiosa in braccio al sarto Emilio Schubert.

Certo, c'è la mano di Carlo Ponti e non più quella di mammina Romilda, dietro questa evoluzione. Ma ci sono anche il temperamento, la tenacia e la determinazione di una giovane donna che già guardava al suo futuro quando le coetanee erano intente ai giochi di bimbe. Decisa sin da allora ad affermarsi, però a suo modo: nel 1957 l'attrice e il produttore si sposano, ma in Messico e per procura, perché Ponti ha già moglie e l'Italia, per la quale lui è bigamo e lei concubina, è ancora lontana dall'approvazione di una legge sul divorzio. L'unica possibile forma di annullamento, per ora, è quella concessa dal tribunale ecclesiastico della Sacra Rota e a loro è stata negata. E comunque gli è andata meglio che a un'altra coppia scandalo, Fausto Coppi (il Campionissimo, il ciclista che ha vinto cinque Giri d'Italia, due Tour de France e tre campionati del mondo) e la sua Dama Bianca: i due sono entrambi sposati, Giulia Occhini paga il colpo di fulmine con quattro giorni di carcere e il domicilio coatto, Coppi col ritiro del passaporto. Per tutti e due le dure parole, praticamente un'aperta condanna, del papa Pio XII.

race bicycle champ, who had won three Italian tours, two-time winner of the Tour the France and three world championships) and Giulia Occhini (nicknamed the White Lady). Both married, she was sentenced to four days in jail and then house arrest, while Coppi's passport was withheld. Even Pope Pio XII had harsh words and condemned their deeds publicly.

It would take nine years for the marriage that took place in Ciudad Juarez to be made official with a normal ceremony, once again abroad: this time it was in France, and it was preceded by a complicated process involving a change of nationality and an annulment of matrimony (similarities again with De Laurentiis, who had obtained his divorce in Switzerland so as to be able to marry Mangano). It would take fifty years – long enough for a gold wedding anniversary – for the union between Carlo and Sophia to end, from their wedding in Mexico to Ponti's death in 2007. They were so different in terms of age, education and origins, and so physically contrasting. And yet they were also very similar: he was a pragmatist, but of a lively disposition. Capable of milking the most commercial fare for all it was worth, he was also prepared to take risks, giving filmmakers such as Lattuada, Camerini, Zampa, Castellani, and Comencini their big chance in the industry. Sophia was almost more of a Milanese disposition than he was: always on time, always willing to re-shoot a scene, she was strictly disciplined and never threw diva-like tantrums on set. At the same time she was also the arche-

Ci vorranno nove anni perché Carlo e Sophia riescano a dare a quel matrimonio celebrato a Ciudad Juarez l'ufficialità di una regolare cerimonia: di nuovo all'estero, in Francia questa volta, e preceduta da un complicato succedersi di cambi di cittadinanza e annullamento di matrimonio (di nuovo come De Laurentiis, che il divorzio per sposare la Mangano lo aveva ottenuto in Svizzera). E passeranno cinquant'anni, un tempo da nozze d'oro - a contare dal matrimonio messicano fino alla morte di Ponti nel 2007 - prima che abbia termine l'unione fra Carlo e Sophia. Un uomo e una donna così diversi, per età, formazione e provenienza, così disassortiti anche fisicamente. Eppure così simili: lui pragmatico ma di temperamento acceso, ingombrante sui set ma intuitivo, capace di raschiare il fondo della pentola dei filoni più commerciali ma anche di rischiare dando fiducia per primo ad autori come Lattuada, Camerini, Zampa, Castellani, Comencini; lei quasi più milanese di Ponti - sempre puntuale, sempre disponibile a ripetere una scena, disciplina rigida e mai una bizza da diva durante le riprese – ma al tempo stesso archetipo e icona del ventre di Napoli che l'ha partorita. Tanto che, a vedersela comparire dinanzi, "il Vesuvio trattenne il fiato" e "la città echeggiò di muti, dilaganti, irreprimibili evviva": parole scritte nel '59 da Giuseppe Marotta, co-sceneggiatore de *L'oro di Napoli*, quello che insieme a Cesare Zavattini e a Vittorio De Sica ha inventato ed esportato nel mondo il mito di "donna Sofia".

typal Neapolitan, an icon of the land that presented her to the world. At the very sight of her "Vesuvius held its breath" and "the city echoed with silent, overflowing, irrepressible hurrahs" as written in 1959 by Giuseppe Marotta, co-writer of L'Oro di Napoli *(The Gold of Naples). The man who, together with Cesare Zavattini and Vittorio De Sica invented and exported the myth of "donna Sofia" (Lady Sofia).*

Vittorio De Sica

De Sica, Loren, and Mastroianni were all present as actors on the set of Tempi Nostri *("A Slice of Life" in the UK, and "The Anatomy of Love" in the US). The only difference was that when Sophia began acting, and Marcello Mastroianni was making his first films, Vittorio was already one of cinema's greats: this was the director of* Sciuscià, Ladri di Biciclette *(The Bicycle Thieves), and* Miracolo a Milano, *films which had earned two Oscars, four* Nastri d'Argento *and a whole host of accolades between them. He'd also earned widespread recognition for his performances as an actor, starting at just seventeen years of age alongside Francesca Bertini in* Il Processo Clemenceau *(The Clemenceau Affair). He went through the 1930's playing the role of the handsome rogue, with fake eyelashes, glycerine tears, and "white telephone" films (a prop used in films of that period, symptomatic of social and*

Con Totò
Tempi nostri - Zibaldone n .2
1954

With Totò
The Anatomy of Love
1954

Vittorio De Sica

Sul set di *Tempi nostri* ci sono tutti e tre – De Sica, Loren e Mastroianni - e tutti e tre in veste di attori, anche se quando Sophia ha cominciato e Marcello muoveva i primi passi, Vittorio era già un grande: il regista di *Sciuscià*, *Ladri di biciclette* e *Miracolo a Milano*, il che equivale a dire due Oscar, quattro Nastri d'argento e via osannando. Più i tanti riconoscimenti che s'era guadagnato come interprete, lui che aveva iniziato diciassettenne con *Il processo Clemenceau*, accanto a Francesca Bertini, aveva attraversato gli anni '30 con la maschera del bel mascalzone, tra ciglia finte, lacrime di glicerina e telefoni bianchi, e arrivato a *Tempi nostri*, nel '54, ha costruito, prestandogli volto e figura fascinosi, sessantadue personaggi.

In realtà ci sono tutti e quattro, sul set di Alessandro Blasetti: il quarto è Carlo Ponti che rappresenta la Lux, co-produttrice assieme a Cines e alla parigina Lux de France. Ed è un quartetto che per diversi anni sembrerà inscindibile, vera e propria bandiera del cinema italiano ovunque ci sia una sala per proiettare film o un festival dove assegnare premi. Un quartetto, anche, dove ognuno ha fatto la fortuna dell'altro in uno scambio leale e alla pari: nessuna delle loro carriere sarebbe stata la stessa senza gli altri tre.

Non è comunque sul set di *Tempi nostri* che scoc-

economical well-being), arriving at Tempi Nostri *(The Anatomy of Love) in 1954, having lent charm and personality to sixty-two characters.*

There was one more important figure present on Alessandro Blasetti's set: Carlo Ponti, representing Lux, co-producer along with Cines and the Parisian Lux de France. For several years the quartet seemed inseparable. They were a veritable flagship of Italian cinema wherever there was a projection hall or any festival where prizes were handed out. It was a quartet in which each member helped the others, in loyalty and equality: none of their careers would have been the same without the other three members.

The cinematographic spark between Loren, De Sica, and Mastroianni wasn't actually ignited on the set of Tempi Nostri. *Blasetti's film was made up of nine different episodes, and each member of the acting trio was involved in a different episode. Sophia starred in the only segment adapted from an original piece by Age and Scarpelli, playing a would-be model, alongside Totò, as a womanizing photographer. The other segments were based upon pieces written by some of the greatest Italian writers of the 20th century, including Eduardo De Filippo, Ennio Flaiano, and Giorgio Bassani.*

De Sica and Loren were the first to strike the right chord together. She managed to feel at home again in the irresistible Miseria e Nobiltà *(Poverty and Nobility), set in the 19th century and based on the innate Neapolitan*

ca la scintilla cinematografica tra la Loren, De Sica e Mastroianni, ciascuno impegnato in un diverso episodio dei nove che compongono il film diretto da Alessandro Blasetti dove Sophia è protagonista (un'improvvisata modella accanto a Totò, fotografo donnaiolo) dell'unico tratto da un soggetto originale di Age e Scarpelli mentre gli altri portano la firma dei maggiori autori del '900 italiano, fra i quali Eduardo De Filippo, Ennio Flaiano e Giorgio Bassani.

La scintilla colpisce per primi De Sica e la Loren. Che è già tornata a respirare l'aria di casa sua con l'irresistibile *Miseria e nobiltà* (ambientato nell'800 e incentrato sull'atavica arte di arrangiarsi dei napoletani) e subito dopo con il film di Ettore Giannini, premio internazionale al VII Festival di Cannes, *Carosello napoletano*, una sorta di romanzo storico in forma di musical in cui convergono, attraverso il girovagare di un cantastorie e della sua numerosa famiglia, le più belle melodie scritte all'ombra del Vesuvio e la stessa maschera di Pulcinella, interpretata dal grande ballerino e coreografo russo Léonide Massine.

Se Sophia è pronta per diventare donna Sofia, la pizzaiola per antonomasia, Vittorio è prontissimo a tornare al cinema che più gli piace. Che è quello dov'è impegnato come regista e attore, una situazione che al momento de *L'oro di Napoli* non si ripete da tredici anni, ma anche quello che lo riporta a casa (non solo metaforicamente: quando c'è nato,

art of making do, and immediately afterwards in Ettore Giannini's film, Carosello Napolitano (Neapolitan Carousel), which won the international prize at the VII Cannes film festival. The film was a kind of historical novel in musical form, in which a travelling musician wanders the land with his extended family, playing the most beautiful melodies written in the shadow of Mount Vesuvius. The great Russian ballet dancer and choreographer Léonide Massine interpreted Pulcinella.

Sophia was willing to becoming "donna Sofia", the pizza girl, and Vittorio was more than willing to return to the kind of cinema he loved to make: the kind in which he was involved as both director and actor. Before L'Oro di Napoli, De Sica hadn't made such a film in thirteen years. This was also the film which brought him home (and not just in a metaphorical sense: when he was born there in 1901, Sora was still part of the Campania) after his controversial American digression with Stazione Termini.

Through Loren, De Sica was able to get back to his Neapolitan roots. And he proved once and for all that neorealism was – and still is – a form of poetry, and not just a cinematographic fad: truth and reality whenever possible; respect and compassion for everyone, always.

The film explains that the eponymous gold which makes Naples rich is the virtue of patience: "... the ability to get up after every fall, a remote, innate, intelligent, superior patience". De Sica puts across the feeling that the real gold of Naples is its people. Those who have

Miseria e nobiltà
1954

Poverty and Nobility
1954

nel 1901, Sora faceva parte della Campania) dopo la controversa parentesi americana di *Stazione Termini*.

È proprio attraverso la Loren che De Sica si ricongiunge alla sua anima napoletana. E finalmente dimostra che il neorealismo è stato, è, una poetica e non un filone cinematografico: verità, tutta quella che il mezzo cinematografico consente; rispetto e pietà per tutti, sempre.

L'oro che fa ricca Napoli - spiega il film - è la pazienza, "la possibilità di rialzarsi dopo ogni caduta, una remota, ereditaria, intelligente, superiore pazienza": dunque l'oro di Napoli – fa capire De Sica - è la sua gente, quella che ha codificato i sentimenti in rito teatrale e collettivo e alla quale è inutile chiedere di tenere i toni bassi e i gesti contenuti, in una terra così quotidianamente vicina alla sconfitta eppure capace di rialzarsi dopo ogni caduta, la misura non è di casa. Il regista invece la trova e ne fa la cifra dell'intero film, in particolare di quell'episodio, *Pizze a credito*, dove insieme a Sophia costruisce un personaggio diventato leggenda: donna Sofia, pizzaiola bella e sfrontata, popolana verace del quartiere Materdei e moglie allegramente infedele che manipola l'impasto della pizza insieme alle prove dei suoi tradimenti. Il rischio dell'eccesso, della volgarità persino, era dietro l'angolo: i due neppure lo sfiorano. E addirittura rilanciano, inventandosi l'anno dopo un'altra donna Sofia, ora pescivendola e "smargiassa", in

translated their feelings into collective, theatrical rituals. There's no point in asking them to tone down their words and gestures: in a land whose people are so near to defeat on a daily basis, and yet still capable of getting up after getting knocked down, quite simply they don't do half-measures. The director, however, managed to find a delicate tone in his film, and he makes it an integral part of the entire film, particularly in the Pizze a Credito *segment. Together with Sophia, they created a character who would become legendary: donna* Sofia, *the beautiful, brazen pizza girl, a genuine woman of the Materdei quarter, who happily cheats on her husband and prepares pizzas while disposing of the evidence of her infidelity. The risk of excess – or vulgarity, even – was potentially right around the corner, but the couple came nowhere near it. The following year they repeated the formula: this time donna Sofia became a swaggering fishmonger in* Pane. Amore e… (Scandal in Sorrento). *This was in many ways – namely in its key characters, its popular setting, and its sentiment-oriented plot – the sequel to* Pane, Amore e Fantasia, *and* Pane, Amore e Gelosia, *in which De Sica starred alongside Gina Lollobrigida, the "bersagliera", as she was known. Whilst Luigi Comencini had directed the first two films, Dino Risi made the third, and the location was changed from a small town in Central Italy to the explosion of vitality of Sorrento and its sea. Together with the change of female lead, these changes helped to reinvigorate the series. Although some spoke critically of its swing to-*

Pane, amore e… Che è per certi versi – i personaggi chiave, l'ambientazione popolare, il plot incentrato sui sentimenti - il sequel di *Pane, amore e fantasia* e *Pane, amore e gelosia*, dove c'era De Sica protagonista accanto alla "bersagliera" Gina Lollobrigida. Ma dal cambio di protagonista femminile, di regia (Luigi Comencini per le prime due pellicole, Dino Risi per la terza) e di location (dall'arcadia di un paesino dell'Italia centrale all'esplosione di vitalità di Sorrento e del suo mare) il film esce totalmente rinnovato. La Titanus, che lo produce, invita gli italiani ad un singolare concorso, completare i puntini sospensivi con un terzo sostantivo, e di risposte ne arrivano oltre novantamila: il titolo alla fine resta com'era ma i dieci vincitori, estratti a sorte, si aggiudicano un soggiorno a Sorrento e la visita alle riprese sul set, ancora in lavorazione.

Una parte della critica va all'attacco, parla di svolta commerciale e di funerale del neorealismo, un'altra consacra il film con due David di Donatello: il pubblico, che non ha tesi da sostenere e ideologie da difendere, fa schizzare la pellicola ai vertici del box office, stagione '55-'56, dov'è in cima la storia strappalacrime di *L'amore è una cosa meravigliosa* con Jennifer Jones e William Holden.

Certo, più che ad una trama, *Pane, amore e…* ruota intorno ad uno spunto ossia alla fatica che deve fare il personaggio di De Sica (l'ormai celeberrimo Carotenuto cavalier Antonio, per indole viveur e per professione comandante dei vigili urbani nella

wards commercialism and the death of neorealism, the general public – without arguments to support, or ideologies to defend – made the film a box-office smash for the '55-'56 season, overtaking Jennifer Jones' and William Holden's tearjerker, Love is a Many-Splendored Thing.

Pane, Amore e… *revolves around an idea rather than a real plot: De Sica plays the role of Antonio Carotenuto, a playboy by nature. but by trade the commander of the local police force of Sorrento – the place where he was born and bred, and also where his brother, the irreprehensible priest, lives. The film centres around his efforts to evict Sofia, the fishmonger, from his house. Both the cast and the perfect location took care of the rest. Sophia was more real, more vital, and more beautiful than ever before. The scene in which she dances a teasing mambo with De Sica, the aged Don Juan, but keeping her eyes - and through them, her soul – on Nicolino, the handsome Antonio Cifariello, is the stuff of legends; the ending is obviously a happy one. With her "smargiassa" (a word roughly translatable as "swagger", but whose meaning is more universally understood simply by watching the film), Sophia created an unforgettable character. This was the kind of character that only cinema could create, in that era before television would colonize and subdue the collective imagination of the people.*

In the short space of time between L'Oro di Napoli *and* Pane, Amore e…, *Sophia starred in four more films.*

Pane, amore e...
1955

Scandal in Sorrento
1955

natia Sorrento, dove vive l'irreprensibile fratello parroco) per sfrattare dalla sua casa la pescivendola Sofia. Il resto è affidato al cast e alla stessa Sorrento che è tutta una location. Sophia è più vera, vitale e bella che mai; il suo mambo – ballato e ancheggiato "a dispetto" assieme a De Sica, dongiovanni d'annata, ma con gli occhi e l'anima rivolti a Nicolino, alias il bell'Antonio Cifariello, l'amore dell'happy end finale – è una sequenza da antologia; la sua "smargiassa" (chi sa, a voler tradurre, che perifrasi bisognerebbe usare: chi ha visto il film, però, sa perfettamente cosa significa) un personaggio indimenticabile. Di quelli che il cinema può creare solo in questa stagione, prima che la televisione colonizzi, sovraffollandolo, l'immaginario collettivo.

Nel breve spazio di tempo che separa *L'oro di Napoli* da *Pane, amore e...*, Sophia interpreta altri quattro film, in tre c'è De Sica, in due anche Mastroianni. Il quarto è *La donna del fiume*, regia di Mario Soldati, storia di una passionale mondina (una figura già portata sullo schermo da Silvana Mangano nell'indimenticabile *Riso amaro* e che fra non molto Elsa Martinelli riproporrà in un film di Raffaello Matarazzo, *La risaia*) che in qualche modo anticipa i ruoli drammatici dei film americani che la Loren si appresta ad interpretare in coincidenza con la prima fase di ristagno, fra il '56 e il '58, degli studios e delle produzioni di Cinecittà. Ma prima

Three of those were with De Sica, and two of them with Mastroianni. The fourth was Mario Soldati's La Donna del Fiume *("The River Girl" in the US). It was the story of a passionate rice weeder, the same figure portrayed on the big screen by Silvana Mangano in the unforgettable* Riso Amaro, *and one which would soon be presented again by Elsa Martinelli in Raffaello Matarazzo's* La Risaia. *Film production in Cinecittà went through a first period of stagnation between '56 and '58, and Sophia's role in* La Donna del Fiume, *was a kind of preview of the parts she would go on to play in American dramas during that time. Before that came the pleasant digression in the form of comedy: biting, bittersweet, sophisticated, but always in the traditional Italian style: that is to say comedy within comedy, with its compact format, lines reeled off with mathematical precision, and its characters, who are both actors and the interpreters of a role. The role of Italians, to be precise. Dino Risi successfully portrayed this in the Titanus mega-production,* Il Segno di Venere *(The Sign of Venus). It follows the emotional fortunes and misfortunes of two very different cousins: one is young and seductive, played – naturally – by Sophia, while the other is older and much less attractive (Franca Valeri gave a countenance and intelligence to the character). The latter cousin has convinced herself that she's been born under the sign of Venus, and continues unperturbed in her hunt for love. Well on his way to becoming an icon of Italian comedy, Alberto Sordi also stars alongside Vit-*

Con Marcello Mastroianni,
Peccato che sia una canaglia
1954

With Marcello Mastroianni,
Too Bad She's Bad
1954

c'è la felice parentesi della commedia: pungente, amara, sofisticata, ma sempre "all'italiana" ossia commedia nella commedia, coi suoi tempi serrati, le sue battute tagliate con precisione matematica ed i suoi personaggi che sono essi stessi attori e interpreti di un ruolo. Quello degli italiani, appunto. Dino Risi ne traccia un buon ritratto nella megaproduzione Titanus *Il segno di Venere*, fortune e sfortune sentimentali di due cugine diversamente dotate: una è giovane e seducente, e guarda caso è Sophia, ma l'altra, più in là con gli anni e bruttarella (a prestarle volto e intelligenza è Franca Valeri), si è convinta d'essere nel segno di Venere e dunque continua imperterrita la caccia al grande amore. Accanto a loro Alberto Sordi, avviato a diventare icona della commedia all'italiana, e un Vittorio De Sica attore di gran razza, come sempre capace di prestare al suo personaggio, un poeta spiantato e un po' scroccone, la sua grazia malinconica, la sua umanità e il suo distaccato aplomb da gentiluomo d'altri tempi.

Marcello Mastroianni

Si erano già incrociati un paio di volte, come attraverso le porte scorrevoli di un Grand Hotel, prima di diventare la coppia più celebrata, collaudata e bissata del cinema italiano. La prima era stata durante le riprese napoletane di *Cuori sul mare* dove

torio De Sica, an actor of immense talent. De Sica plays a hard up, scrounging poet, and – as always – manages to infuse that melancholic grace, humanity, and distinguished gentleman's aplomb in his character.

Marcello Mastroianni

Like a brief encounter in the revolving doors of a grand hotel, Loren and Mastroianni's paths had already crossed on a couple of occasions before they became Italian cinema's most celebrated and prolific onscreen couple. The first such occasion took place in Naples, during the shooting of Cuori sul Mare, *in which Sofia Scicolone was making her film debut. Mastroianni – having already gained notoriety in theatres with Visconti – was one of the two male leads. The role was that of a cadet at the Livorno Naval Academy.*
The second time they came together was on the set of Tempi Nostri. Blasetti's *film in nine segments starred both Mastroianni and Loren, but as chance would have it, they did not act together in the same episode: Loren was originally selected for the female lead in Mastroianni's episode,* Il Pupo. *In the end she was replaced by the less exuberant Lea Padovani, and shunted on to the mini-film* La Macchina Fotografica. *In any case, the writing was on the wall. And then, it happened: in the 1954 film* Peccato Che Sia Una Canaglia. *The reasoning behind the name of the film (Too Bad She's Bad)*

Con Marcello Mastroianni,
Peccato che sia una canaglia
1954

With Marcello Mastroianni,
Too Bad She's Bad
1954

la sedicenne Scicolone era al suo battesimo davanti alla macchina da presa e Marcello, ventisei anni e già una piccola notorietà conquistata in teatro con Visconti, era uno dei due protagonisti maschili, due allievi dell'Accademia navale di Livorno.

La seconda sul set di *Tempi nostri*, e non solo per l'incontro casuale fra gli interpreti dei nove episodi in cui Blasetti ha scandito il suo film: la parte femminile di quello con Mastroianni, *Il pupo*, avrebbe dovuto essere della Loren, poi sostituita con la meno esuberante Lea Padovani e dirottata sul minifilm *La macchina fotografica*. Ma insomma, era scritto. E accade a fine '54, con *Peccato che sia una canaglia*. Un titolo che si chiarisce dall'incipit: in una Roma pigra e semideserta, da domenica d'estate, Lina e un paio di suoi amici si fanno accompagnare al mare da Paolo che è intento a lustrare il suo taxi e che nel giro di poche inquadrature, il tempo di qualche schermaglia con la ragazza, rischia di farsi rubare la macchina dai due complici di Lina. Che ha un padre più canaglia ancora, truffatore d'ingegno e di classe specializzato nel furto di valigie alla stazione Termini col vecchio ma sempre efficace sistema di una valigia senza fondo nella quale incapsula i bagagli da rubare.

Il resto del film scorre così, fra le divertenti prodezze della canagliesca coppia Loren – De Sica (è lui, il papà col vizietto del furto) e i moralismi del bel tassinaro (una parte familiare a Mastroianni, la stessa interpretata in *Passaporto per l'Oriente* e *Le*

becomes clear right from the opening scene: it's summer, and in a lazy, half-empty Rome on a Sunday afternoon, Lina and a couple of friends manage to get a ride from Paolo to the seaside. He just wants to get his taxi washed, but very soon after a quick skirmish with Lina, he nearly gets his car stolen by her accomplices. Not only is she a con artist, but her father is an even bigger con artist: the kind of hustler specializing in stealing suitcases at Roma's Termini train station with the aid of the old-but-still effective method of covering said cases with a specially made bottomless suitcase of his own.
As Loren and De Sica – the latter playing the former's daughter, the wily old con artist – carry out their illicit exploits, we are also treated to the handsome taxi driver's moralizing (Mastroianni was familiar with the part, having already played it in Passaporto per L'Oriente *and* Le Ragazze di Piazza di Spagna*). The character is so deeply naïve that we almost began to feel he deserves to get hustled. Lina, on the other hand, is incredibly vibrant and versatile: it comes across in the scenes where she speaks English with tourists, or when she distractedly sings "Bongo Bongo Bongo". She is so completely irresistible that one almost wants to get conned by her, just so as to feel for a little while the object of her – admittedly fraudulent – desire. This was a fairly unsubtle metaphor for Italy's turning away from the post-war years of solidarity, as Italians suddenly found the forbidden attraction in swindling others, as a short-cut to the economic boom that was soon to come.*

Nello studio del p ttore Peykoff
1954

Visiting Peykoff's artist studio
1954

ragazze di Piazza di Spagna), così ingenuo - finisce col pensare lo spettatore - che quasi se lo merita d'essere raggirato. Così come Lina è talmente prorompente e versatile (nell'inglese che parla con i turisti, nel "Bongo bongo bongo" che canticchia svagata), talmente irresistibile, che quasi fa venire voglia di lasciarsi derubare pur di trovarsi oggetto del suo, ancorché truffaldino, desiderio. Metafora neppure tanto velata di un'Italia che si è lasciata alle spalle gli anni solidali del dopoguerra e scopre il fascino discreto dell'imbroglio e delle sue scorciatoie verso un boom economico che è ancora da venire. Diretto da Blasetti in bianco-nero e tratto da uno dei *Racconti romani* di Alberto Moravia, *Peccato che sia una canaglia* è soprattutto il trampolino di lancio della coppia Mastroianni-Loren, pronta alle grandi cose che l'attendono. Fra le quali non c'è *La bella mugnaia* di Mario Camerini che imbastisce il remake di un suo film di vent'anni prima puntando sul tris d'assi del momento (il terzo è De Sica), che però finisce con l'impantanare in una storia di amori infarinati, insidie all'onore coniugale e ribalderie di governatori e soldatesche tardo '600.

Il salto di qualità lo segna *La fortuna di essere donna*, di nuovo diretto da Blasetti ma questa volta con Charles Boyer nel ruolo nevralgico dell'anziano, mentore e contraltare per i due protagonisti: Mastroianni è qui nel ruolo di un fotografo un po' cialtrone e non propriamente onesto, del tutto simile

The film was taken from one of Alberto Moravia's Racconti Romani *(Roman Tales) stories, and was shot in black-and-white by Blasetti. Most importantly, this was the film that launched Mastroianni and Loren as an onscreen couple, and the first of a string of hits. Mario Camerini's* La Bella Mugnaia *(The Miller's Beautiful Wife) didn't fall into that category. The director knocked up a remake of his own 1934 film, hoping the star power of Loren, Mastroianni and De Sica would guarantee its success. Unfortunately, the film was bogged down by its story of love, extra-marital infidelity, and wicked deeds amongst politicians and the military in the late 17th century.*

Loren and Mastroianni had a much more successful turn in La Fortuna di Essere Donna *(What A Woman!), once again directed by Blasetti. This time it was Charles Boyer's turn to play the neuralgic elderly gent, both mentor and counterpart to the lead characters. This sweet, sparkling comedy is unanimously recognized as of the best of the '50s. In his role as a roguish, not-quite-virtuous photographer embroiled in a deceptive microcosm of divas and tabloid writers, Mastroianni gave a preview of what was to come in* La Dolce Vita *(Fellini's film was shot in just six months, and was released to both wild praise and heavy criticism in 1960). The latter film would go on to become the most enduring symbol of the artificiality and unreality of cinematography. After having risen though the ranks, starring in*

Sul set di La fortuna di essere donna
con Charles Boyer
1956

On the set of *What a Woman!*
with Charles Boyer
1956

al microcosmo di divette, paparazzi e cronisti di rosa nel quale è immerso e nel quale Sophia capita per caso, diffidente quanto è necessario, attratta quanto è ovvio ma tenacemente abbarbicata al sogno di un matrimonio. Ricco e di prestigio, possibilmente. I dialoghi sono simpatici, serrati, ironici; la commedia è tenera e frizzante, unanimemente riconosciuta come una delle migliori degli anni '50. Per Mastroianni è anche una sorta di prova generale per *La dolce vita* (il film di Fellini, girato in soli sei mesi, uscirà nel '60, fra peana e anatemi) che di quel mondo di cartapesta, finto quanto le facciate vuote degli studios di Hollywood o di Cinecittà, diventerà il simbolo assoluto. Ma anche la consacrazione internazionale del suo protagonista: dopo la gavetta di una quarantina di film al di sotto del suo talento, Mastroianni diventerà l'attore cult di Fellini per poi recitare col Gotha del cinema d'impegno, da Michelangelo Antonioni a Louis Malle, da Marco Ferreri a Nikita Michalkov, da Elio Petri a Theo Anghelopulos. Per un totale di centoquaranta film in cinquant'anni di carriera, con tutti i riconoscimenti possibili eccetto l'Oscar: con gli Academy Awards Marcello si è dovuto "accontentare" di tre nominations come attore protagonista in *Divorzio all'italiana*, *Una giornata particolare* e *Oci ciornie*.

Anche per Sophia *La fortuna di essere donna* (che diventa *What a Woman!* nel titolo per la distribuzione

around forty films that were, quite frankly, unworthy of his talent, this film consecrated Mastroianni as a major international star. He became Fellini's actor of choice, and went on to work with the elite of intellectual cinema: Michelangelo Antonioni, Louis Malle, Marco Ferreri, Nikita Michalkov, Elio Petri, and Theo Anghelopulos, amongst others. He made a total of 140 films in a career that spanned fifty years, winning every possible award with the exception of an Oscar: Marcello had to "make do" with three Academy Award nominations for Best Actor in Divorzio all'Italiana *(Divorce – Italian Style),* Una Giornata Particolare *(A Special Day), and* Oci Ciornie *(Dark Eyes).*

What a Woman! *proved to be a watershed for Loren, too. It was the last of her 1950's Italian films before moving on to the American productions: she starred in twelve films between '57 and '60, before the trend in her own country turned to petit-borgeouis, neorealist sentimental films about poor but beautiful characters, with all their subsequent sequels. Marcello's voice would accompany Sophia in her journey across the Atlantic, with the whispered line in Blasetti's film: "I wish I had your luck, you're so lucky to be a woman…" Partly it was a message of good luck, but also a "see you later": the couple would get back together in 1963, once again with De Sica for* Ieri, Oggi, Domani *(Yesterday, Today, and Tomorrow), the sixth of 12 films for the unbeatable onscreen couple.*

all'estero) è uno spartiacque, l'ultimo dei suoi film italiani anni '50 prima delle produzioni americane, dodici pellicole fra il '57 e il '60, e prima che il suo Paese si avvii verso la stagione piccolo-borghese, da neorealismo rosa, dei poveri ma belli con relativi sequel. Ad accompagnare il viaggio oltre Atlantico della Loren, a mo' di colonna sonora, la voce di Marcello-Corrado che alla Sophia-Antonietta del film di Blasetti dice con un sospiro: "L'avessi io, la fortuna che hai te, la fortuna di essere donna…". Che è un po' in bocca al lupo e un po' arrivederci: la coppia si ricostituirà nel '63, di nuovo con De Sica per *Ieri, oggi, domani*, il sesto dei dodici ciak dell'irripetibile coppia.

LA LOREN ALLA CONQUISTA DELL'AMERICA

Non mi piace quest'aria da padrone,
io non ce l'ho i padroni.

(S. Loren, *La ciociara*)

È già un nome, Sophia, quando arriva negli States. Per la verità è soprattutto un volto e un corpo, quelli della pescivendola di *Pane, amore e…* che domina una copertina di *Life Magazine* nell'agosto del '55. Ponti e la Loren ne sono consapevoli: non ci saranno soggetti scritti per lei, nelle produzioni delle major statunitensi, gli americani puntano piuttosto all'esasperazione di un clichè di donna mediterranea che fa tanto esotico, un mix di passione e opulenza che per i loro film è come l'oliva per il Martini: perfetta. Non a caso la recensione sul *New York Times* di *Peccato che sia una canaglia* è tutta un suo elogio, ma poco si attarda sulle doti interpretative: "Per lei andare a passeggio è un'arte. Dondolarsi, una manovra estetica".
Sicché è chiaro: sarà un'altra gavetta. Bisognerà dimostrarglielo, agli americani, che in quel corpo ci

Sophia Loren: how the West was won

Nobody can treat me like that.
I'm nobody's property.

(S. Loren, Two women)

When she arrived Stateside, Sophia had already made a name for herself. This was due largely to her natural beauty in both countenance and physique, the same on display in her role of fishmonger in Pane, amore e… *and that which had made the cover of* Life magazine *in August, 1955.*
Ponti and Loren were aware of this: there would be no characters written specifically for her capabilities in major American film productions. The Americans wanted a cliché: the archetypal exotic Mediterranean woman; a mixture of passion and opulence which went perfectly with the films they produced, kind of like the olive in a Martini. The New York Times *review of* Peccato che sia una Canaglia *(marketed in the States with the title* Too Bad She's Bad*) highly praises Sophia's presence, without beating about the bush on what she adds to the film: "With her, ambulating is an art. Leaning over is an esthetic manèuver."*

109

Circondata da fan di tutte
le età per avere un autografo
1955

*Fans of all ages swarm
in for an autograph
1955*

sono un cervello e un talento di attrice. E Sophia è la persona giusta per farlo: l'oro di Napoli, la pazienza, lei ce l'ha nel DNA. Non se ne tornerà in Italia delusa e intristita come De Sica e nemmeno infastidita come la Magnani, che pure alla sua (breve) svolta americana deve un Oscar, una nomination e un Orso d'argento a Berlino. E poi, se pure di gavetta si tratta, stavolta la Loren entra dalla porta principale, forte di una prima consacrazione ottenuta con i film girati fra il '54 e il '56 nonché degli accordi di coproduzione internazionale siglati da Ponti, prossimo al divorzio professionale da De Laurentiis. La trasferta oltreoceano è stata pianificata con lucidità e lo studio dell'inglese ne è parte integrante: negli anni a venire Sophia, ch'era napoletana di madrelingua e l'italiano l'aveva dovuto imparare, riuscirà a recitare e ad esprimersi perfettamente in inglese, francese e tedesco.
Non ci vuole molto perché la favola bella della ragazza di Pozzuoli si arricchisca di sviluppi prestigiosi: durante la Big Night del 1958 è lei - nello stesso ruolo che quella sera rivestono attori del calibro di Fred Astaire, Joan Collins o Paul Newman - ad annunciare il vincitore dell'Oscar come miglior regista (David Lean per *Il ponte sul fiume Kwai*, premiato con ben sei statuette). Ed è ancora lei, raggiante e incantevole ventitreenne coi capelli corti da ragazzina e un massiccio collier da signora, che a nome dell'Italia tutta ringrazia per l'attenzione che l'Academy riserva al suo Paese (Oscar per il

So right from the beginning it became clear she would have her work cut out for her. She would have to show the Americans that behind that perfect body there were both brains and talent. Fortunately, Sophia had the qualities necessary for the job: patience – a virtue regarded as particularly strong in Neapolitans, giving rise to the idiom that it's the "Gold of Naples", is part of her genetic make-up. She would not return disillusioned to Italy like De Sica or bitter and weary like Anna Magnani, who in spite of everything won an Oscar during her brief time in the States, as well as a nomination and a Silver Bear at the Berlin Film Festival. And although it was still hard work, Sophia earned her ticket to success: the period from '54 to '56 consecrated her as a star, and Ponti – nearing the end of his professional collaboration with De Laurentiis – would give her an extra helping hand with contracts for international film co-productions. Her stateside invasion was meticulously planned, and learning to speak English was an integral part of that. Sophia's mother tongue was Neapolitan, and she'd actually had to learn Italian later on in life. In the years that followed she would learn to act and express herself perfectly in English, French, and German.
It didn't take long for the fairy-tale of the girl from Pozzuoli to become ever more prestigious: during the Big Night at the Oscars of 1958, it was her turn – like so many greats such as Fred Astaire, Joan Collins, and Paul Newman before her – to announce the winner of the Oscar for Best Director (David Lean, for The

miglior film straniero a *Le notti di Cabiria* di Fellini, nomination per Vittorio De Sica e Anna Magnani come interpreti, rispettivamente, in *Addio alle armi* e *Selvaggio è il vento*).

In realtà il periodo americano, per Sophia, data da prima che lei arrivi negli Usa, sotto contratto con la Paramount: la sua personale conquista dell'America inizia con tre pellicole americane girate in Europa.

Orgoglio e passione, distribuito dalla Mgm (la major che per marcare il suo arrivo a Cinecittà ci fa costruire un lago artificiale, dove divi e divetti si fermano a rimirare la propria immagine riflessa), è diretto e prodotto da Stanley Kramer, lo stesso regista che di lì ad un decennio affronterà, con coraggio e misura, il tema inedito e spinoso dei matrimoni misti in *Indovina chi viene a cena*, affidato alle interpretazioni di Spencer Tracy, Katharine Hepburn e un Sidney Poitier fresco di trionfo per *La calda notte dell'ispettore Tibbs*.

Alle prese con un filmone epico ambientato nella Spagna di inizi '800 - tra i francesi di Napoleone che avanzano e gli spagnoli che arretrano appesantiti da un mastodontico cannone che alla fine, e con l'aiuto degli inglesi capeggiati da Cary Grant, gli consentirà di liberare la città di Avila - Kramer si disperde fra le alte ambizioni del progetto (tratto da un romanzo di Forester, lo stesso delle *Avventure del capitano Hornblower*) e spreca sia la presenza

Bridge On The River Kwai, *winner of six Oscars). Sporting a short, girlish haircut and the kind of large necklace more often associated with older, more distinguished ladies, this radiant, enchanting twenty-three year-old would go on to thank the Academy on behalf on Italy for the attention and praise lavished on her country's films and actors (Oscar for Best Foreign Film for Fellini's* Le Notti di Cabiria *(Cabiria's Nights), and nominations for Vittorio De Sica and Anna Magnani respectively for their roles in* A Farewell to Arms *and* Wild is the Wind*).

In actual fact, Sophia's American adventure began before she arrived in the United States, having signed a contract with Paramount: her own personal conquest of America started with three American films shot in Europe.

The Pride and the Passion *was distributed by MGM (the same major studio that marked its arrival in Cinecittà with the construction of an artificial lake, in which various divas and stars could admire their own reflections). The film was directed and produced by Stanley Kramer. Ten year later, the same man would go on to bravely and delicately explore the then-thorny issue of mixed-race marriages in* Guess Who's Coming to Dinner, *starring Spencer Tracy, Katharine Hepburn, and – fresh from his success with* In the Heat of the Night – *Sidney Poitier.*

Kramer had been experiencing troubles while shooting

di Frank Sinatra, improbabile guerrigliero iberico, che quella della Loren, ridotta al ruolo poco più che decorativo della spagnola *caliente* quanto avvenente. Perfetta, comunque, appena il copione glielo consente, come quando s'avventura in un flamenco sotto gli sguardi inquieti dei suoi partner.

La storia si ripete negli altri due film, *Timbuctù*, che a dispetto del titolo viene girato per buona parte a Cinecittà, e *Il ragazzo sul delfino*, di nuovo con gli interni fra i set romani ma nell'anno precedente, il '56. Anche qui Sophia è icona della bellezza mediterranea, selvaggia e un po' cenciosa, con quelle magliette bagnate che sullo schermo fanno sempre appeal e qualche venatura di mistero che non guasta mai. La Fedra de *Il ragazzo sul delfino* (prodotto dalla 20th Century Fox e diretto da Jean Negulesco che ha rinunciato da un pezzo al noir ma sembra anche aver smarrito la potenza evocativa dei tempi di *Johnny Belinda*) è greca come l'isola di Hydra dove sono ambientati gli esterni e dove lei si guadagna da vivere pescando spugne. È in una di queste immersioni (nelle cacce al tesoro subacquee entra però in scena una controfigura, l'attrice Scilla Gabel) che la ragazza trova una statuetta - un ragazzo in groppa ad un delfino - che ha tutta l'aria di essere preziosa e che infatti scatenerà l'istinto di protezione dell'archeologo Alan Ladd ma anche gli appetiti affaristici del ricco Clifton Webb. Il magnetico blu dell'Egeo favorisce, nemmeno a dirlo, il prevedibile lieto fine. Con un pizzico di retrogu-

this epic set in Spain in the early 19th century (adapted from a novel by C. S. Forester, author of the Hornblower series). The plot involved the advance of Napoleon's French forces and the simultaneous retreat of the Spanish. The progress of the latter was slowed by the transport of the enormous cannon that would later help the Spaniards – aided by the English, led, in turn, by Cary Grant – to free the city of Avila. Kramer managed to get bogged down amidst the project's lofty ambitions. Frank Sinatra was wasted in his improbable role as a Spanish warrior, as was Loren in a mainly decorative role as a charming and sensual Spanish girl. Whenever the script allowed her to express herself, however, her performance was perfect: consider, for example, the scene in which she dances the flamenco under the restless gaze of her companions.

The same thing was to occur in the other films: Legend of the Lost (Timbuctù for Italian audiences, in spite of the fact that most of the film was shot in Cinecittà), and in 1956, the previous year, Boy on a Dolphin, in which the internal shots were again largely filmed in Rome. In both these films Sophia is an icon of Mediterranean beauty, ragged and wild. She would wear those wet shirts and tops that have always appealed to certain audiences, as well as an air of mystery that has always helped sell films. In Boy on a Dolphin (produced by 20th Century Fox, and directed by Jean Negulesco, who had long since stopped making noir films, but who had also seemed to have lost the evocative power seen

Durante una pausa
Il ragazzo sul delfino
1957

During a break
Boy on a Dolphin
1957

sto amarognolo per Alan Ladd: fascinoso d'aspetto ma scarso in altezza, sul set viene presto ribattezzato "il ragazzo sullo sgabello" per via della pedana sulla quale deve salire per essere all'altezza, è il caso di dirlo, col metro e 74 di Sophia.

La Dita di *Timbuctù* è un'altra figlia del Mediterraneo. Sulla carta il film di Henry Hathaway - quello dell'epico *Go West* e di *Niagara*, il trampolino di lancio di Marilyn Monroe - si preannuncia vincente: cast selezionato (John Wayne e Rossano Brazzi come protagonisti maschili), esterni girati addirittura in uno scavo archeologico del Sahara libico (Leptis Magna, una città morta da secoli), una storia di spedizioni pericolose e pericolosi intrighi che pare anticipare gli Indiana Jones che verranno. La bellezza di Sophia aggiunge fascino al fascino della location ma il copione è quello che è, e né lei né il grande Duke possono far decollare un film che non ha ali per volare.

Eppure – ed è un caso rarissimo - da questi film improbabili e maltrattati dalla critica, il prestigio e la considerazione internazionale della Loren escono rafforzati. E pronti al Go West. Arrivata alla Hollywood vera, quella in California, Sophia si è costruita un suo successo personale, frutto dei quaranta set che ha calcato sinora, delle capacità interpretative che ha affinato, del cocktail di adattabilità e determinazione che si agita in quel suo corpo che ormai campeggia sui manifesti cinematografici di mezzo mondo.

in films such as Johnny Belinda), *Loren plays Phaedra, a Greek girl on the island of Hydra, where the external shots are set. Phaedra makes a living fishing for sponges. During one of these immersions (Scilla Gabel was Loren's stunt double for the underwater treasure hunt shots), Phaedra finds a small statue of a boy riding a dolphin. Its rare, precious appearance triggers the protective instinct of Alan Ladd's archaeologist, as well as the rich Clifton Webb's ruthless eye for business. The predictably happy ending is hinted at throughout by the magnetically blue Aegean Sea. There was, however, bit of a sting in the tail for Alan Ladd: he was handsome, but short, and on set he was quickly given the nickname "Boy on a Stool", due to the seating implement on which he would stand in order to measure up – in every sense of the word – to Sophia.* Legend of the Lost's *Dita is another child of the Mediterranean Sea. Henry Hathaway, director of the epic* Go West Young Man *and* Niagara – *Marilyn Monroe's big break – shot a film which, on paper at least, should have been a hit: a select cast (John Wayne and Rossano Brazzi as the lead male protagonists), external shots done at a Libyan Saharan archaeological dig site (Leptis Magna, a city which had been dead and deserted for centuries), a story involving dangerous explorations and intrigue which hinted at the future Indiana Jones films. Sophia's beauty adds sensuality to the fascinating location but the script is what it is, and neither her nor the great Duke could help to lift the film beyond the ordinary. Against*

Go West, Sophia

Avrebbero già dovuto tremare le vene e i polsi, a Sophia, a recitare poco più che ventenne accanto ai divi più celebrati del momento, quelli che sinora lei aveva conosciuto soltanto come spettatrice in qualche sala cinematografica. Invece in quei film pre-hollywoodiani l'ex-ragazza di Pozzuoli esibisce una sicurezza fiera, ferina quasi, che le fa reggere qualsiasi sguardo: senza soggezione, senza bisogno di controcampi. Un orgoglio da donna del Sud, figlia di storia antica. E infatti la Paramount la conferma subito dea mediterranea e le fa interpretare due ruoli da italiana (o quello che s'intende per italiana: irrazionale, passionale, impulsiva, eccentrica) per poi "promuoverla" italo-americana. Ma la vera promozione Sophia se la guadagna da sola, film dopo film, uscendo vincitrice dalla *mission impossible* di conciliare critica e pubblico, attestandosi star internazionale (e rimanendolo per i decenni a venire) ma conservando intatto l'orgoglio delle proprie radici.

Sotto il segno del *dark* il battesimo californiano: il film è *Desiderio sotto gli olmi*, presentato in concorso al Festival di Cannes; la Loren è Anna, in lotta e poi in amore col figliastro Anthony Perkins; il finale rispecchia il testo teatrale di Eugene O'Neill col suo epilogo di infanticidio e carcere. Di tutt'altro genere *Houseboat* che in italiano diventa *Un marito per Cinzia*, e non ci vuole molto a indovinare chi è

all odds, Loren's international reputation and prestige was actually strengthened by these two improbable and critically savaged films. It was then Sophia's turn to "Go West". Once she arrived in the real Hollywood, Sophia was the architect of her own success, aided by the forty or so films she'd made until then, her refined acting skills, and that mix of adaptability and determination behind the physique now on display in film posters across the world.

Go West, Sophia

At little over twenty years of age, Sophia may well have been forgiven for suffering from some major jitters starring alongside some of the world's biggest stars: those very same stars who until recently she'd only seen at the cinema. But in those pre-Hollywood films, the girl from Pozzuoli displays an almost feral kind of pride and self-assuredness. She was able to coolly withstand anyone's gaze. This was the pride of a Southern Italian woman, a child of ancient roots. Paramount capitalized on this and portrayed her as a Mediterranean goddess, casting her twice as "Italian" (or what passed for Italian at the time: irrational, passionate, impulsive, and eccentric), only to later bump her up to "Italian-American" status. Sophia, however, earned her own promotion with hard work, film after film. She triumphed in the age old battle of pleasing both the critics and the public, becoming an

Con Cary Grant sul set di
Orgoglio e passione
1957

With Cary Grant on the set of
The Pride and the Passion
1957

la Cinzia del titolo. Il marito invece è Cary Grant, che era già stato partner di Sophia in *Orgoglio e passione* e di nuovo riaccende l'interesse dei rotocalchi con le sue galanterie floreali e l'abbozzo di un flirt con l'attrice che il film gli darà in moglie. Di sicuro c'è che l'affiatamento fra i due poggia su radici profonde: nonostante il portamento e il nome (Archibald Alexander Leach, quello vero) da gentleman britannico, anche Cary Grant viene dalla fame: da ragazzo l'aveva sfuggita aggregandosi a una compagnia di saltimbanchi e facendo l'uomo sandwich, in equilibrio sui trampoli, per le strade newyorkesi, per poi diventare l'icona della commedia sofisticata, attore cult di George Cukor e Alfred Hitchcock.

Nonostante i trent'anni di età che li dividono, sul set Sophia e Cary (qui opportunamente vedovo con prole al seguito) formano quella che si dice una bella coppia e infatti tale diventeranno, ovviamente dopo iniziali ostilità e ripetuti battibecchi ma non prima che la Loren abbia l'occasione di tornare a cantare dallo schermo. Non i semplici movimenti labiali di quando la doppiavano, in *Aida*, nella *Favorita*, in *Carosello napoletano*, ma una canzone per davvero, come *Tu che m'è 'mparato a fà*, composta per lei da Armando Trovajoli, incisa nel '57 e subito schizzata al primo posto della hit parade. O come la title-track del *Ragazzo sul delfino* ("S'agapò"), il "Mambo bacan" della *Donna del fiume* e ora la briosa filastrocca di Cinzia, "Bing Bang

international star (a status she would retain in the decades to come, right to the present day) whilst remaining ever grateful and proud of her origins.

Loren's first "Californian" film was a dark affair: Desire Under the Elms opened at the Cannes Film Festival. Loren plays Anna, at first pitted against her stepson, Anthony Perkins, and later falling in love with him. The ending mirrors Eugene O'Neill's play, with its epilogue of infanticide and imprisonment. Houseboat was a completely different affair. For Italian audiences the film was renamed Un Marito per Cinzia (A Husband for Cinzia), and it's not hard to guess who would play the eponymous Cinzia. The husband was played by Cary Grant, who'd already played Sophia's partner in The Pride and the Passion. The film generated new media interest for Grant, thanks to his gallantry, but due also in part to rumours of a fling with the actress who played his onscreen wife. The harmony between the two actors had common, profound roots: his lofty bearing and real British gentleman-style name (Archibald Alexander Leach) notwithstanding, Cary Grant had a poor past behind him. Joining an acrobatics troupe, wandering the New York streets on stilts, and wearing a sandwich advertising board, Grant was able to escape that past, and would later become an icon of sophisticated comedy; a cult actor revered by George Cukor and Alfred Hitchcock.

Despite the thirty year age difference between Sophia and Cary (on this occasion handily playing a widower

In sala d'incisione
con il maestro Lelio Luttazzi
1956

Bong", che in Italia viene incisa sul gadget del momento, un disco di plastica, e allegata alla rivista *Il Musichiere*.

Sophia, che è figlia di Napoli, la musica se la sente scorrere nelle vene e non c'è bisogno che qualche stratega della pubblicità le spieghi quello che già sa d'istinto: il canto comunica, e lo fa d'impatto. Per cui lo "sfizio" di cantare se lo toglierà spesso: un hit di Renato Carosone, "Tu vuò fa' l'americano", nella *Baia di Napoli*; "I fell in love with an Englishman", "Zoo be zoo be zoo" e il divertente duetto musical-culinario con Peter Sellers, "Bangers and Mash", 250.000 copie vendute nella sola Gran Bretagna, nella *Miliardaria*. E poi in *L'uomo della Mancha* con Peter O'Toole e di nuovo (su un testo di Lucio Dalla e Ron, "Storia di Maddalena") in *La mortadella*, fino a tornare a quello "Zoo be zoo be zoo" che, tra *Saturno contro* di Ferzan Ozpetek e la pubblicità televisiva, diventerà una sorta di accattivante tormentone del terzo millennio. Sfizi, o forse suggestioni dal modello americano che vuole l'attore capace di recitare, cantare o ballare con la medesima preparazione e professionalità.

La voce di Sophia, proprio come le sue interpretazioni, cresce, si modula, si arricchisce di ritmo e di profondità, si vena di sensualità e di armonia: nessun rischio che si trovi a ripetere una scena come quella in *Sangue e arena*, con Rita Hayworth che canta, e finge di suonare, "Verde luna" ad esclusivo beneficio di un Tyrone Power che invece s'addormenta.

raising children alone), the pair formed a great on-screen couple, although the romance was preceded by arguments and general hostility. In this film, Loren once again got the chance to sing on-screen. This time it was no lip-synching to some other singer's vocals, as had been the case in Aida, La Favorita, *and* Carosello Napoletano. *This was* Tu che m'è 'mparato a fà, *a real song, written for her by Armando Trovajoli. The track was cut in 1957, and went straight to the top of the charts. There were other songs, too, such as the title track from* Boy on a Dolphin *("S'agapò"), "Mambo Bacan" from* La Donna del Fiume, *and Cinzia's "Bing Bang Bong", a lively little ditty which in Italy was released on the latest gadget: a plastic disc, sold taped to the cover of* Il Musichiere *magazine.*

Coming from Naples, music ran in Sophia's blood. She didn't need marketing experts to tell her what she instinctively already knew: songs can powerfully communicate things that ordinary words cannot. So on several occasions Sophia got the chance to prove her vocal talents: she sang Renato Carosone's hit, "Tu vuò fa' l'americano", in the film It Started in Naples, *as well as "I Fell in Love with an Englishman", "Zoo Be Zoo Be Zoo", and the light-hearted music-culinary duet with Peter Sellers, "Bangers and Mash", from the film* The Millionairess. *This last hit sold 250,000 copies in Great Britain alone. Later she would sing in* Man of la Mancha, *starring alongside Peter O' Toole, and again in* La Mortadella *(performing "Storia di*

Le performances musicali si interrompono col film di Carol Reed *La chiave*. Il regista è quello del *Terzo uomo*, un capolavoro assoluto, ora alle prese con un dramma umano (una donna che passa di mano come la chiave del suo appartamento, ma i suoi amanti stranamente muoiono tutti in mare) ambientato in quel dramma collettivo che è stata la seconda guerra mondiale. I protagonisti maschili sono William Holden e Trevor Howard; la donna è Sophia, nel ruolo della vedova cupa. Vedova anche lei, ma di un boss della mala, la giovane italoamericana Rose Bianco che in *Orchidea nera* ritrova l'amore e recupera l'affetto del figlio grazie al devoto Anthony Quinn; il regista è Martin Ritt, come sempre particolarmente attento ai temi sociali, Sophia si guadagna una Coppa Volpi come miglior attrice alla Mostra del cinema di Venezia, edizione 1958.

Quel tipo di donna, diretto da Sidney Lumet, segna il ritorno della Loren alla commedia sentimentale (la sua Kay è una mantenuta di lusso che si lascia tentare da un amore vero e giovane quanto spiantato: il finale è rosa e lei sceglierà i due cuori e una capanna) mentre *Il diavolo in calzoncini rosa* è un'incursione nel mito del West che trasforma Sophia in una truffatrice-pistolera che semina discordie da Cheyenne a Bonanza lasciandosi dietro stuoli di debitori e di pretendenti, delusi entrambi. La regia è di George Cukor, regista di donne per eccellenza e dunque abilissimo nel fare sgorgare

Maddalena", *a number written by Lucio Dalla and Ron). Much later, "Zoo Be Zoo Be Zoo" was to make a comeback, both in Ferzan Ozpetek's film* Saturno Contro *(Saturn in Opposition) and in television advertisements, becoming one of those annoyingly catchy tunes of the third millennium. Was this constant necessity for lyrical expression just a whim? Or was Loren following the American show business model, in which entertainers would master all of the performing arts? Just like her acting performances, Sophia's singing voice grows and modulates. It becomes deep, rhythmical, and flows with sensuality and harmony: there's definitely no chance of a repeat performance of the scene in* Blood and Sand, *in which Rita Hayworth sings and pretends to play "Verde Luna" for Tyrone Power, who subsequently falls asleep.*

There's no place for Sophia's singing in Carol Reed's The Key. *The director of the magnificent* The Third Man *took on the screenplay of a human drama (a key which opens the door to a woman's apartment is regularly passed around between young men, and all those who use it seem to die at sea) set in the collectively greater drama of the Second World War. The male leads are William Holden and Trevor Howard; Sophia plays the black widow. She would go on to play another widow in* The Black Orchid. *In this film, Loren plays Rose Bianco, a young Italian-American whose husband is murdered by mobsters. With Anthony Quinn's help in*

La miliardaria
1960

The Millionairess
1960

dalla Loren l'essenza più intima, fragile e insicura, di Anna. Ma anche di realizzare con intelligenza e ironia (sebbene alle prese con il suo primo e unico western, uno dei miti fondanti dell'immaginario americano) quadretti di colore dove si esercita un cast di razza nel quale ci sono anche Anthony Quinn e Ramon Novarro, qui alla sua ultima interpretazione, e dove Sophia fa della sua Angela Rossini un'irresistibile forza della natura ("You'll want to be there when the fun starts!", promette il manifesto): una prova d'attrice che è senz'altro la migliore della parentesi americana.

Il diavolo in calzoncini rosa è anche uno dei cinque film della Loren in distribuzione nel 1960, un anno decisivo per la sua carriera, segnato da un'altra copertina di Life Magazine, questa volta nel look sensuale e un po' felino della tipica diva anni Sessanta. Un altro di quei cinque film è *Olympia*, ambientato nella Vienna asburgica e impreziosito dalla presenza di Maurice Chevalier che fa del suo personaggio, il principe Filippo, il papà che ogni ragazza vorrebbe. Soprattutto se è insofferente all'etichetta e indisponibile ai matrimoni combinati: Olympia lo è, e soprattutto è innamorata di un bell'americano che non ha un goccio di sangue blu nelle vene ma ha una laurea e un'auto rossa che non fanno che aumentarne l'*appeal*. La notte che i due trascorrono insieme (lei rigorosamente in incognito, novella *Sabrina*) garantisce lo scandalo cui fa cenno il sottotitolo (*A Breath of Scandal*) e anche l'inevitabile lieto fine, lo stesso epilogo della suc-

his role as Frank Valente, Rose once again finds love and mends her relationship with her wayward son. Martin Ritt was the director, and as always, he displays his own brand of special attention to social themes. Sophia won a Coppa Volpi award for Best Actress at the Venice film festival in 1958.

Sidney Lumet's That Kind of Woman *marked Loren's return to rom-coms: she plays Kay, a woman used to living a life of luxury, who suddenly finds real love with a young, penniless paratrooper. The ending is a happy one, as she goes with her heart.* Heller in Pink Tights *is a western which saw Sophia take on the role of gun-slinging hustler, blazing a trail from Cheyenne to Bonanza, and leaving a host of disappointed debtors and romantic pretenders in her wake. As a director famous for his ability to get the best possible performances from women, George Cukor was instrumental in capturing Sophia's most intimate, fragile, insecure essence in her role as Anna. This was Cukor's first and only western – the genre being one of the founding legends of the collective American imagination – and yet he skilfully managed to create a smart, ironic film with a quality cast: Anthony Quinn, Ramon Novarro in his last film, and Sophia, who transforms Angela Rossini into an irresistible force of nature. The film posters promised that "You'll want to be there when the fun starts!". Loren's performance here was without a doubt best of her "American" films.*

Heller in Pink Tights *was one of Loren's five films re-*

Sul set de La miliardaria
con Peter Sellers
1960

With Peter Sellers on the set of
The Millionairess
1960

cessiva commedia, *La miliardaria* (*The Millionairess*, nel titolo originale: la differenza va messa in conto al cambio lira-sterlina). Perfettamente a suo agio negli abiti e nei cappelli, rigorosamente Balmain, dell'effervescente ereditiera Epifania Parerga, Sophia s'incapriccia del medico indiano Ahmed el Kabir, altruista e generoso quanto disinteressato al denaro, interpretato da un Peter Sellers già in odore di *Pantera rosa*. Lui la salva da un tentativo di suicidio nelle acque del Tamigi, l'attrazione è fatale ma non abbastanza da eliminare le reciproche resistenze: lei vuole un uomo che non la sposi per il suo denaro, lui una donna che del denaro sappia fare a meno, entrambi dovranno misurarsi con una prova d'amore conteggiata in sterline e scellini. Niente più di un pretesto, in realtà, per dare spazio alla verve dei protagonisti, e i due ce la mettono davvero tutta. Mentre la stampa londinese, che il gossip lo coltiva come un'arte, si appassiona soprattutto al furto di gioielli, questo sì miliardario, subito dalla Loren durante le riprese. E di lì a qualche tempo l'autore del furto, The Cat, si guadagnerà il suo quarto d'ora di celebrità raccontando l'impresa in un libro.

C'è anche De Sica, nel cast de *La miliardaria*: il suo Joe non ha una gran parte ma è uno degli undici cachet da attore che si guadagna in quest'anno per poi lasciarli, e a volte neppure bastano, sui tavoli dei Casinò. Nell'aria c'è il progetto di un film da

leased in 1960, a decisive year for her career. The same year she went on to once again grace the cover of Life magazine, this time in a sensual, somewhat feline pose typical of 60's divas. A Breath of Scandal was another one of those five films. It's set in Habsburg-ruled Vienna, and stars Maurice Chevalier as Prince Philip, the father every girl would want. Especially – as is the case with Olympia – if said father cannot bear the restrictions of etiquette or arranged marriages. She falls in love with a handsome American graduate without a drop of Royal blood in his veins. He's smart, though, and owns a fast car – a fact which only increases the appeal. The "scandal" in the title refers to the night the two young lovers spend together, even though Olympia presents herself in incognito. Predictably enough, there is a happy ending, as is the case in her next comedy, The Millionairess. In her role as the bubbly heiress Epifania Parerga, Sophia was in her element, wearing Balmain hats and dresses. She takes a fancy to the Indian doctor Ahmed el Kabir (played by Peter Sellers, shortly before The Pink Panther), a character as altruistic and generous as he is uninterested in money. After he foils her suicide attempt, we see the attraction between the two is inevitable, but it isn't enough for them to get over their essential differences: she wants a man who won't marry her just for her money, and he wants a woman who can go without money. The romance between the two is put to the test by a mutual wager involving love and money, but all this is basically an excuse to put on display the chem-

Sul set de La baia di Napoli
con Clarke Gable
1960

With Clarke Gable on the set of
It started in Naples
1960

fare assieme, Sophia e Vittorio, un film al quale lei tiene molto e del quale Ponti ha già i diritti, acquistati direttamente dal romanzo che gli farà da soggetto: l'autore è Alberto Moravia, il titolo è *La ciociara*, la trama ha già fatto gridare allo scandalo gli immancabili benpensanti.

L'attrice inizia a girarlo a Cinecittà nello stesso anno in cui termina *La baia di Napoli*, di nuovo con De Sica come partner sul set. Il protagonista però è Clark Gable, assolutamente perfetto nel rendere il suo spaesamento, tutto americano, dinanzi alla Napoli povera e un po' scombinata dov'è venuto a sistemare le questioni lasciate in sospeso dalla morte improvvisa del fratello. In realtà ha anche lasciato un figlio, quel fratello, e intorno alla tutela del ragazzino i due zii, il pragmatico avvocato yankee e la bella napoletana che vive alla giornata, imbastiscono una trama di contrapposizioni, diffidenze e incomprensioni che li porterà dritto dritto all'altare. Il film ha qualche eccesso da spot turistico ma la presa sul pubblico è immediata e il successo al botteghino altrettanto. Sophia è pronta per rientrare in Italia. Anche se qui, e lei lo sa, il suo rapporto con Ponti, ormai ufficiale ma non ufficializzato da un matrimonio "vero", le sta creando intorno un clima di ostracismo un po' bigotto e molto ipocrita. Ma lei è una che gareggia sulla distanza. E dopo i tre anni americani – anche questi vissuti a modo suo: pochissima mondanità, tanto lavoro e a letto presto la sera - è arrivato il momento di tornare a casa.

istry generated between the two leads, who give it their all in their performances. The London press – which makes gossip an art-form – was mainly interested in Sophia's stolen jewellery, taken during filming. "The Cat" who stole the jewellery would much later have his fifteen minutes of fame, admitting his crime and writing a book about it.

De Sica also had a role in The Millionairess. His character, Joe, doesn't really have much of a part, but it was only one of the eleven films he starred in that year. Unfortunately, much of his earnings from those films ended up lost at casino tables. Then came the idea of having Sophia and Vittorio make a film together. This project was dear to both Loren and Ponti, who had secured the rights to make the film of Alberto Moravia's novel, La Ciociara. The plot had the "respectable" public and conservatives up in arms.

The actress began shooting her scenes at Cinecittà in the same year she had finished It Started in Naples, once again working with De Sica. In the latter film, Clark Gable was the lead male. His performance is impeccable as he portrays the befuddled American, completely out of his element in a shabby, screwy Naples where he had arrived in order to settle his brother's estate after an untimely death. His brother had also had a child, and so Gable – the pragmatic Yankee lawyer – and Loren – the beautiful Neapolitan girl who lives for the moment – clash over how to raise the child. Together they knit

Durante le riprese di
La baia di Napoli con Vittorio
De Sica e Clarke Gable
1960

*With Vittorio De Sica and
Clarke Gable while filming
It started in Naples
1960*

La ciociara

Arriva al momento giusto, *La ciociara*. Intanto per il cinema italiano che vive la sua stagione forse più intensa e originale, quella più meritatamente internazionale, e lo fa scavando nelle ferite ancora aperte di un Paese che invece ha una gran voglia di dimenticare, che sembra aver smarrito ogni spinta etica e sta per consegnarsi, le mani in alto in segno di resa, al boom economico prossimo venturo. Non è per caso che nello stesso anno, il 1960 - quando Gillo Pontecorvo è da poco uscito con *Kapò* e Pier Paolo Pasolini si appresta a girare *Accattone* – Renzo Rossellini sia nelle sale cinematografiche con *Era notte a Roma*, Luchino Visconti con *Rocco e i suoi fratelli*, Luigi Comencini con *Tutti a casa*, Federico Fellini con *La dolce vita*, Michelangelo Antonioni con *L'avventura*. E Vittorio De Sica con *La ciociara*.
Sophia lo vuole questo film, lo vuole a tutti i costi. L'idea originaria di affidare la regia a George Cukor e il ruolo di Cesira ad Anna Magnani salta rapidamente, Nannarella non ci sta a fare la parte della mamma della Loren e si tira indietro dispensando frecciate un po' contro tutti. Ponti rinuncia ai partner americani e associa la sua Champion a due co-finanziatori francesi e alla distribuzione della Titanus, dietro la macchina da presa c'è De Sica, lo sceneggiatore Cesare Zavattini rimaneggia il soggetto facendo diventare Cesira una trentenne.

a web of confrontations, wariness, and misunderstandings that eventually lead them straight to the church altar and marriage. On occasions it does feel like the film tries too hard to advertise Naples for tourists, but the public was enthralled and it was a box-office hit. Sophia was now ready to come back to Italy. The problem – as she well knew – was her newly official relationship with Ponti, even though they had not actually married: she was ostracized by certain bigoted, hypocritical circles. But Loren is no quitter. She had spent those three American years in her own way: very little showbiz schmoozing, and a great deal of hard work and early nights. It was time to come home.

La Ciociara

La Ciociara (*Two Women*) *came at just the right moment for Sophia. This was a time when Italian cinema was going through its most intense, original phase, for which it was deservedly garnering international acclaim. It did this digging deep into the wounds of a country that mostly wanted to forget the past; a country that seemed to have lost all ethic concerns and was about to unconditionally surrender to the upcoming economic boom. In 1960, the same year that Gillo Pontecorvo's* Kapò *was released and Pier Paolo Pasolini began filming* Accattone, *Renzo Rossellini's* Era Notte a Roma (Escape by Night) *played at cinemas up and down the*

Sophia - che ha ventisei anni ed è nel fiore della sua bellezza - si cala nella parte con un'immedesimazione totale e per trovare la cifra interpretativa scava nelle viscere della sua anima e della sua terra, nei ricordi di una guerra che lei stessa non dimenticherà mai. E la metamorfosi è evidente da subito, già da quel momento di amore senza amore che all'inizio del film lei divide con Giovanni, il carbonaio al quale affida il suo negozietto per andarsene, sfollata insieme alla figlia tredicenne, in Ciociaria: "Non mi piace quest'aria da padrone. Io non ce l'ho, i padroni", gli urla dietro, e i suoi occhi fiammeggianti illuminano il buio della carbonaia e accendono di colore il bianco-nero delle riprese. Il viaggio verso l'entroterra ciociaro (dalle parti di Fondi, dov'erano andati sfollati lo stesso Moravia e la scrittrice Elsa Morante) è una full immersion nell'orrore e nell'assurdità della guerra, di ogni guerra; l'arrivo a destinazione, una sorta di parentesi quasi estranea alla devastazione che regna fuori da quel paesino dimenticato. Dove l'unico che pare in contatto col resto del mondo è Michele, un comunista che passa il tempo a maledire i nazisti e a leggere i Vangeli a chiunque gli capiti a tiro. Cesira non lo capisce, capisce solo che da questa guerra verrà fuori qualcosa di nuovo che lei non è preparata ad affrontare. Non sa, non può saperlo, che la sua vita sta per essere sconvolta già ora, proprio ora che il peggio sembra die-

country, as did Rocco e i Suoi Fratelli *(Rocco and His brothers) by Luchino Visconti, Luigi Comencini's* Tutti a Casa *(Everybody Go Home), Federico Fellini's* La Dolce Vita, *Michelangelo Antonioni's* L'Avventura, *as well as Vittorio De Sica's* La Ciociara.

Sophia wanted this film at any cost. The original idea of having George Cukor as director and Anna Magnani in the lead role was soon filed away. "Nannarella" – as Magnani was referred to – had no intention of playing Loren's mother, and abandoned the project, criticizing all those involved. Ponti had to make do without American financing, so his Champion production company joined forces with two French production companies, and the film was distributed by Titanus. De Sica directed the film, and the screenwriter Cesare Zavattini shuffled things around from the original novel, making Cesira a thirty year-old woman.

At twenty-six years of age, Sophia was at the peak of her beauty, and she slid effortlessly into her role. In order to fully access and interpret her character, she dug deep into her soul, into the memories of her land and a war she herself could never forget. We clearly see this metamorphosis, right at the beginning: her loveless tryst with Giovanni, the coalman she leaves her shop to when she runs away with her thirteen year-old daughter in Ciociaria: "Nobody can treat me like that. I'm nobody's property" she shouts at him, and her fiery eyes illuminate the dark coal cellar, at the same time lighting up the black-and-white film with colour. The journey

La ciociara
1960

Two women
1960

tro le spalle perché i tedeschi sono in ritirata e le truppe alleate già in Italia. Mamma e figlia fanno il viaggio a ritroso per tornare a Roma, si fermano a riposare in una chiesa semidistrutta, Cesira spolvera come può uno dei banchi per farci sdraiare Rosetta. L'orrore si annuncia con un'ombra, quella di una figura armata che si staglia contro l'ingresso, subito seguita da altre: Cesira ha i sensi acuti di un animale in fuga, fiuta il pericolo prima ancora di vederlo, quando le piomberà addosso non potrà fare altro che urlare il nome della figlia. Per la scena del duplice stupro, minuziosa e insistita nel romanzo di Moravia, a De Sica bastano pochi movimenti della macchina da presa: la sua stessa repulsione si traduce in immagini, un'accorata ma asciutta pietas guida leggera la sua mano.

Entrate nella chiesa con le loro valigie di cartone, Cesira e Rosetta ne escono con un peso insopportabile che fa di loro due bestie ferite, incapaci di parole per parlarsi. La ragazzina sa solo aggiungere ferita a ferita ma per Cesira - che è innanzi tutto una madre - non c'è vergogna né odio che superino la voglia, la speranza, il dovere, di ricostruire quelle due esistenze violate.

Ci sono sequenze da scuola di cinema, nella *Ciociara*. Che è un film dichiaratamente sostenuto da un'impalcatura etica, forse alla sua ultima apparizione in questa stagione che Jean-Luc Godard

towards the Ciociaria inland (near Fondi, where Moravia himself and the writer Elsa Morante had both been evacuated) is an immersion into a world of horror, and of the absurdity of the war – of all wars. The town she finally arrives in resembles an oasis: it seems to have been forgotten by the devastation which has taken the surrounding area. The only person who seems to have any contact with the outside world is Michele, a communist who passes the time cursing the Nazis and quoting Gospels to all and sundry. Cesira doesn't understand him. She only understands that the sole thing that can come out of this war is something she isn't ready for. Just as the storm seems to have passed, now that the Germans are retreating and the allied troops are in Italy, Cesira cannot know that her life is about to be turned upside-down. Mother and daughter undertake the return journey to Rome, stopping by at a destroyed church for a rest. Cesira dusts off one of the pews to lay Rosetta down. A shadow appears: an armed figure silhouetted in the doorway, closely followed by others. Like an animal, Cesira can smell the danger even before she sees it. When the horror finally falls upon her, the only thing she can do is cry her daughter's name. In Moravia's novel, the double rape scene is minutely detailed. De Sica reproduces it with a few simple shots: his own revulsion is translated in images, his hand guided by an abrupt yet heartfelt pietas.

Cesira and Rosetta enter the church with their cardboard

segna, nello stesso anno, con *Fino all'ultimo respiro*, manifesto della *nouvelle vague* e di questi tempi senz'anima e senza ideali, film di riferimento per un'intera generazione finché non arriveranno, a fine decennio, Dennis Hopper e il suo *Easy Rider*, icona di un'impossibile libertà e di una voglia di fuga incarnata tanto dalle moto in corsa quanto dalla cultura *sex & drugs*.

Anche per questo è un grande, De Sica. Lui che da quattro anni non girava un film, uno spreco produttivo incomprensibile che l'ha costretto a rincorrere ogni parte d'attore disponibile e che pure ora lo vede tornare dietro la macchina da presa al suo meglio: veloce, essenziale, fluido, empatico. E grande, grandissima è anche Sophia che per questa interpretazione vince tutti i premi possibili, e li merita tutti. Con addosso i vestiti di cotonina di Cesira non si ricorda neanche più d'essere una diva e anche lo spettatore se ne dimentica: sullo schermo vede la madre di tutte le madri, la madre di tutti i figli che soffrono. Matura, profonda, universale. Aveva ragione, la Loren, a volere questo film. Che anche per lei è arrivato al momento giusto: ha ventisei anni, un curriculum di quasi cinquanta interpretazioni, nel palmarés una Coppa Volpi e tutti i riconoscimenti – ventidue - avuti per *La ciociara*, dall'Oscar (il primo assegnato ad un'attrice per un film non in lingua inglese) al Da-

luggage, but they come out again with an unspeakable burden, one which turns them into wounded beasts, incapable of talking with each other. The daughter cannot overcome the horror which has befallen them, but for Cesira, who is a mother above all else, no amount of shame or hatred can destroy her will, hope, and duty to rebuild their shattered lives.
Ciociara is full of ideas straight from film school. The film had a strong ethical message; one of the last big films to do so in a period which saw the release of Jean-Luc Godard's A' Bout de Souffle, *a film manifesto of the nouvelle vague movement. In those soulless times, so lacking in ideals, this film would become a point of reference for an entire generation, until 1969, with Dennis Hopper's arrival in* Easy Rider. *The latter film's impossible brand of ultimate freedom and need for an escape, were embodied as much by the roaring motorbikes as by its "sex and drugs" culture.*

De Sica proved himself to be a great director. He had not made a film in four years: an inexplicable creative dry spell which saw him grab acting roles left, right, and centre. And yet his return to the director's chair saw him back to his very best: quick, essential, fluid, empathic. Sophia's performance is immense, and she deservedly won a whole host of awards. Clad in Cesira's simple cotton dress, she casts aside her diva status and the public is a witness to her transformation: she becomes the mother of all mothers; the mother off all suf-

vid di Donatello, dal Nastro d'argento a Cannes al premio dei critici cinematografici a New York e al Golden Laurel come migliore attrice a Santiago del Cile. E gli strabilianti dati del box office: dal Natale del '60 a giugno '65, la pellicola incassa in Italia un miliardo e 550 milioni, una cifra strabiliante per l'epoca. Ce n'è più che a sufficienza per un'intera carriera. Ma Sophia non ha intenzione di fermarsi, tutt'altro.

fering children. Mature, profound, universal. Loren was right to want this film. It came at the right moment for her: she was twenty-six years old, and her résumé contained almost 50 interpretations in various films, a Coppa Volpi to her name, and a total of twenty-two accolades for her role in La Ciociara, *from the Oscar (the first given to an actress for a non-English language film) to the* David di Donatello, *as well as an Award for Best Actress at Cannes, a Cinematographic Critic's award in New York, and a Golden Laurel for Best Actress in Santiago, Chile. The film's box office figures were staggering: from Christmas of 1960 until June of 1965, the film made over one and a half billion lira in Italy: a ludicrous amount for the time. For anyone else this may have been enough success to cover an entire career. Sophia was just getting started.*

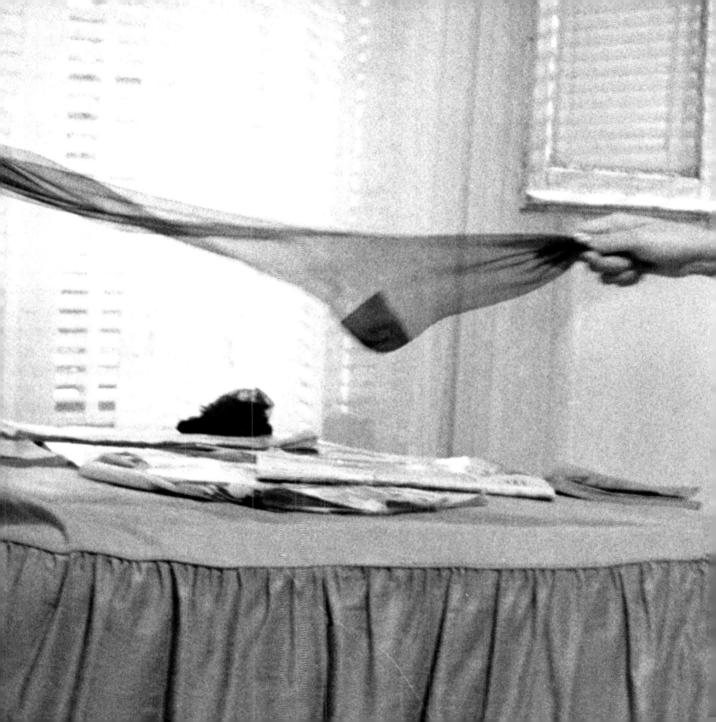

L'AMERICA ALLA CONQUISTA DELLA LOREN

- Non sei mai stata nei boy scout?
- Fui scartata per deficienza toracica

(G. Peck e S. Loren, *Arabesque*)

Non è soltanto Sophia, ad interrogarsi sul cosa fare "dopo *La ciociara*". In Italia c'è un diffuso imbarazzo, e le capriole della critica cinematografica, costretta a rimangiarsi etichette ingenerose e giudizi frettolosi, sono poca cosa. Il vero problema è che finché lei e Ponti sono stati in America, finché hanno preso casa e residenza a Parigi, si poteva anche glissare su questa coppia che coppia non è, ma adesso che c'è di mezzo un Oscar chiudere un occhio non è facile. Non dinanzi alla vestaglia da casa e al quadretto familiare che accolgono la troupe Rai per i commenti dopo la Big Night che il fuso orario ha trasformato in un'alba italiana: nei Tg il servizio passa senza immagini, l'unica traccia di quell'intervista realizzata ai due nella loro abitazione romana con vista sul Campidoglio bisogna andarla a cercare nell'archivio della Rai.

America wants more of Loren

- Weren't you ever in the Boy Scouts?
- I flunked the physical

(G. Peck and S. Loren, Arabesque)

It's not only Sophia's concern to understand what to do after "La ciociara". Critics seem to be quite embarrassed at home, having to draw back a much too rushed and judgmental labeling. However that's not even such a big issue if compared to how to handle in the public eye the now obvious Ponti – Loren relationship that has gone almost unnoticed back in the States or during their stay in Paris, but it can no longer be denied at home, especially now that the Oscar is in their way. There's only one Rai 's interview to the unofficial couple right after the Big Night, almost dawn in Italy, filmed at their home in Rome by the Campidoglio, in a family-like environment, then never shown on tv. It's still somewhere in Rai's archives. Anyway, these are irrelevant details to Sophia, just minor disappointments whereas her future is what bothers her the most, as usual. Her ideas don't necessarily appeal to her husband-producer. Down the road, she feels the need to pick up roles more suitable to

145

Con Charlton Heston al cocktail di fine
lavorazione di El Cid
1961

*At the wrap-up party of El Cid
with Charlton Heston*
1961

Dettagli, forse piccole amarezze: Sophia, come sempre, guarda al futuro. Su come costruirlo ha idee chiare, e non sempre coincidono con quelle del marito-produttore: alla distanza, i "suoi" film, quelli dove la forza dell'interpretazione riesce a sovrastare la bellezza esteriore, saranno quelli che si è scelta da sola. Ma una carriera da diva è un mosaico dove bisogna saper posizionare ogni tessera perché è ad ogni tessera che si deve l'insieme, e su questo i due sono in perfetta sintonia: dall'Oscar in poi, si procede in import-export, buoni film italiani si alternano alle megaproduzioni internazionali, i ruoli d'attrice alle presenze di prestigio, quelle che hanno come partners e registi i grandi nomi dell'empireo cinematografico.

Mentre la storia di Cesira inizia il suo travolgente tour fra gli spettatori di mezzo mondo, nelle sale cinematografiche arrivano due pellicole nel solco della stagione pre-*Ciociara*. Già girate, entrambe, anche se l'anno di distribuzione è il '61. *El Cid*, diretto da Anthony Mann (quello de *L'uomo di Laramie* e *Là dove scende il fiume*, il cantore di un'America epica che nemmeno s'immagina che nel suo futuro ci sarà un Vietnam), è sontuoso e leggendario quanto la storia che racconta, quella dell'uomo d'onore e di coraggio che nell'XI secolo liberò la Spagna dagli arabi invasori, in fuga al solo apparire del suo corpo e della sua armatura in sella a un cavallo bianco: il Campeador, il Campione, in realtà è solo un cadavere, legato perché stia ritto,

a skilled actress rather than just being a beautiful body. A diva's career has to come together as in a jigsaw puzzle where all the pieces give shape to a bigger picture. When it comes to planning, both parties have a unique vision: work on good domestic films on one hand and be part of huge international productions featuring top notch stars and amazing casts on the other, as well as famed directors.

While Cesira's compelling story is making the rounds among viewers worldwide, another two films in that same vein hit the theaters. Even if finished before La Ciociara came out, they only get distributed in '61. El Cid, *directed by* Anthony Mann (*the same of* The Man from Laramie *and* Bend of the River, *the storyteller of an epic America that has no inkling about Vietnam yet*), *is as sumptuous and legendary as the story portrayed in it: a bold man of honor who freed Spain from the Arab invasion back in the 12th century. Just his presence straddling his white horse in his armor would scare enemies off : the Campeador, the champion, is nothing a dead body tied upright by Jimena , his lost love then found again. In this role Loren pairs up with Charlton Heston who has the physique and the experience (*The Ten Commandments, Ben Hur*) to pull this off successfully and bring back to life a myth in costume. The movie eventually turns out being the season's blockbuster at the box office.

From Spain now over to France under Napoleon with Madame Sans-Gene, the untamed lady that has climbed*

Madame Sans-Géne
1961

Madame Sans-Géne
1961

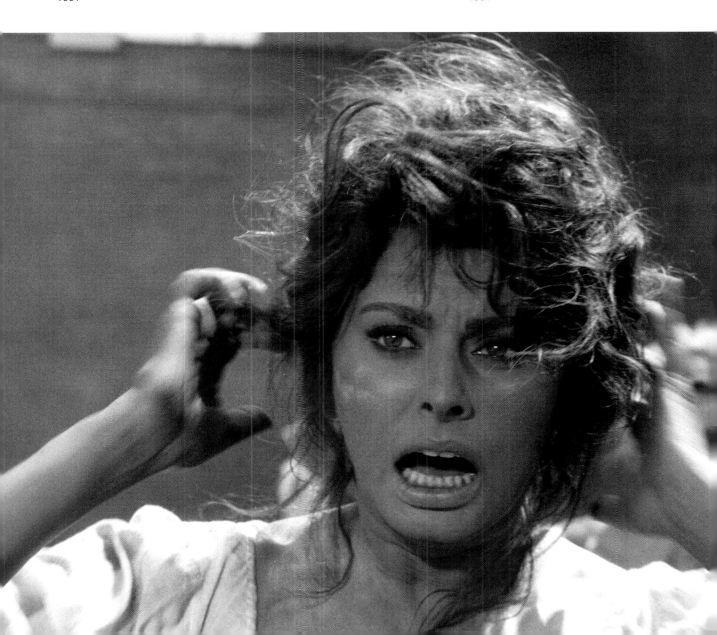

ed è Jimena, la donna amata, persa e poi ritrovata, ad avercelo messo. Ad interpretarla è ovviamente la Loren; Charlton Heston ha il fisico e l'esperienza (*I dieci comandamenti*, *Ben Hur*) per ridare vita ad un altro mito in costume; il pubblico gradice e porta la pellicola al primo posto nel box office della stagione.

Dalla Spagna alla Francia di Napoleone con *Madame Sans-Géne*, la signora senza soggezione che ha salito la scala sociale sposando un militare promosso duca per meriti sul campo e però mal si adatta all'etichetta e al contegno che si convengono al suo titolo: bellezza regale e temperamento da ex-lavandaia, non esita ad affrontare Bonaparte per salvare il suo matrimonio; il prezzo è la rinuncia al trono di Westfalia ma il marito, un possente Robert Hossein, non esita a pagarlo.

Il vero post-Ciociara è *Boccaccio '70*, a conferma che le cose migliori restano quelle che la Loren gira nella sua terra. È solo uno degli episodi, che lei interpreta, ma come già era accaduto per *L'oro di Napoli* il suo - *La riffa* - è forse il migliore. Di sicuro l'unico allegramente boccaccesco in questo film a quattro mani dove Visconti (*Il lavoro*) vira sull'amaro, Fellini insiste a ironizzare sul perbenismo ipocrita (*Le tentazioni del dottor Antonio*) e Monicelli col suo *Renzo e Luciana* punta dritto al sentimento e racconta quanto è abbrutente la miseria: tema evidentemente sgradito alla distribuzione internazionale

up the ranks of society marrying an officer then appointed duke for his merits on the battlefield. She doesn't seem to submit and adjust to her new status, basically resembling a royal beauty yet with her usual temper of former laundress. Nonetheless, when it comes to confronting Bonaparte to rescue her marriage, she does not blench or hedge; the toll to pay is to give up the throne of Westfalia which her husband, a mighty Robert Hossein, also finds acceptable, hands down.

The real post-Ciociara is Boccaccio '70, *once again the proof that Loren's best performances take place in her homeland. She's just in one of the episodes, yet as seen before in* L'oro di Napoli *, her presence in -* La riffa *– makes it all the more special. As a matter of fact, this is the only true Boccaccioesque episode of the whole movie. Visconti (*Il lavoro*) veers on to elements of bitterness whereas Fellini shows all his typical harsh irony over hypocritical respectability (*Le tentazioni del dottor Antonio*) and Monicelli in his* Renzo e Luciana *aims straight at the heart by pointing out how being poor can be humiliating: a topic that creates quite a few problems with the international distribution of these mini-films, and that has an indirect effect on the Cannes absence of the three directors as a form of protest. Boccaccio '70 is then screened at the festival, yet off the official contest. La riffa is directed by Vittorio De Sica, who accurately plays the game of irony and sharpness, building a surreal atmosphere around a sparkling Sophia-Zoe,*

Boccaccio '70
Episodio La riffa
1962

Boccaccio '70
La riffa episode
1962

che elimina il minifilm dai circuiti extra-italiani e indirettamente provoca l'assenza, per protesta, degli altri tre registi al festival di Cannes dove *Boccaccio '70* viene presentato fuori concorso. A firmare *La riffa* è Vittorio De Sica, che attinge ai consolidati registri dell'arguzia e dell'ironia per costruire un surreale apologo intorno ad una sfolgorante Sophia-Zoe oggetto del desiderio: la location è un baraccone di tiro a segno allestito durante la fiera del bestiame ma qui, nella sanguigna Romagna di Lugo, la carne in vendita pare diventare quella di Zoe, il premio da riscuotere per chi vince questa lotteria clandestina. La faccenda si complica, e si fa congruamente boccaccesca, quando ad aggiudicarsi la notte d'amore con la bella del baraccone è il sagrestano: le opposte reazioni del paesotto danno vita a un'esilarante e tenera satira di costume, magnificamente sintetizzata nella sequenza notturna del vincitore portato in trionfo dai compaesani e delle benpensanti che dalle finestre delle loro case lo riempiono di improperi.

Come le è stato semplice entrare nel ruolo di Zoe (e nel suo abitino rosso, quello col quale cinguetta "Soldi soldi soldi / chi ha tanti soldi vive come un pascià"), così Sophia appare spaesata nei due film successivi. Due flop, nonostante la regia illustre e gli illustri compagni di scena: Anthony Perkins nella pellicola firmata da Anatole Litvak; Fredrich March e Maximilian Schell in quella di De Sica. Non sono nelle corde di Sophia, i due personaggi:

the ultimate object of desire: the intriguing scene takes place around a shooting booth at a local cattle trade show in Romagna di Lugo, where the final prize of the raffle seems to be Zoe's carnal knowledge. It gets even more kinky, hence consistently Boccaccioesque, when the church's sexton wins the coveted one-night stand at stake. The odd reactions of the small-town inhabitants spur an exhilarating and tender-hearted satire, beautifully synthesized in the nightly sequence of the triumphant group of fellow denizens carrying the winner around the streets as opposite to the more conformist attitude of others lashing out at the cortege from their home windows.

As confident as she looks in the role of Zoe (in her tight red dress, chirping "Money money money / who has a lot of money lives like a lord"), as lost she appears in the next two movies. Both flopped, even though directed by and featuring names like : Anthony Perkins in Anatole Litvak's film; Fredrich March and Maximilian Schell in De Sica's. Sophia just didn't fit in both characters: neither as Lisa in Il coltello nella piaga (*Five Miles to Midnight*), the fake widow of a man she doesn't love at all , whereas the husband's false death is just a sham for an insurance fraud , nor as Johanna in I sequestrati di Altona (*The Condemned of Altona*), an actress from the Berliner Ensemble able to manipulate her brother in law a Wehrmacht officer straying from his own self, and lead him to atonement and final demise. There is a silver lining anyway, referring to De Sica and Ponti

Boccaccio '70
Episodio La riffa
1962

Boccaccio '70
La riffa episode
1962

né la Lisa de *Il coltello nella piaga*, finta vedova di un marito che non ama e che si è dato morto per frodare l'assicurazione, né tanto meno la Johanna de *I sequestrati di Altona*, un'attrice del Berliner Ensemble che pilota il cognato, ufficiale della Wehrmacht in fuga da se stesso, verso l'espiazione e la morte finale. Unica consolazione - per De Sica e per Ponti che ha co-prodotto il film insieme alla francese Générale - è che l'insuccesso commerciale dei *Sequestrati*, premiato dalla critica con un David di Donatello, si traduce comunque in mezzo miliardo di incassi: poco, per lo standard dei due, che in questo decennio arrivano a punte di tre miliardi, ma cifra di tutto rispetto per un'industria cinematografica che comincia a fare seriamente i conti con la sua più formidabile rivale: la televisione. Che è apparsa in Italia una decina d'anni prima, in una domenica del '54, e all'invenzione dei Lumière sinora problemi non ne ha creati. Sinora, finché era in fase di assestamento, ma i due milioni di abbonati del 1960 lievitano sino a diventare più del quadruplo nel '69, l'anno in cui il piccolo schermo compie il miracolo di trasmettere in diretta e in mondovisione il primo sbarco dell'uomo sulla Luna. E anche quello del sorpasso fra lo share delle proiezioni dei film rispetto a quello dei telegiornali.

A questa visione che si fa sempre più piccola il cinema risponde facendosi sempre più grande, o almeno dando l'impressione di esserlo. Si brevet-

who co-produced the film along with Générale from France. The commercial fiasco of Sequestrati, *awarded with one David di Donatello, is somehow grossing half billion (Italian Lira back then) at the box office : not that much if compared to their average 3 billion, however still a decent result now that the whole industry seems to be going through some hardship caused by a tough new competitor: television.*

The new domestic appliance debuted on a Sunday of '54 about ten years earlier, but its presence had never caused any harm to Lumière's invention so far. Yet it was just an initial test, soon the two million subscribers of 1960 basically quadrupled in 1969, the year of the worldwide live broadcast of the first man on the moon. That marked the first time TV news scored more viewers than movie theaters all around.

As the screen size starts to shrink, cinema reacts with a much greater vision, or so it's believed. New kinds of films are patented like the neater and grain less Vistavision; Cinemascope already modified into Technirama with a wider negative tape (as used in Timbuctu*), then evolves into Cinerama replacing the three different angle cameras with one anamorphic lens for major image depth.*

So the sheet and the white wall belong to history and don't work any more magic. Now there are tripod-less movie cameras, reflex lenses, long shots, much faster editing and post production processes like the jump cut (as Japanese director Nagisa Oshima is experimenting

I sequestrati di Altona
1962

The Condemned of Altona
1962

tano nuove pellicole e le più nitide sono in Vistavision, prive di granulosità; il Cinemascope, che già era stato modificato in Technirama grazie al negativo gigante (anche *Timbuctù* è stato girato così), evolve in Cinerama ma senza le tre macchine da presa angolate, per dare l'effetto della profondità ora gliene basta una con un unico proiettore ad obiettivo anamorfico.

Il lenzuolo e la parete bianca dell'archeologia cinematografica non bastano più a fare magia, ed ecco la macchina da presa senza cavalletto, i mirini reflex per controllare l'effettiva inquadratura dell'obiettivo, le riprese in focali lunghe per campi e controcampi, un montaggio sempre più veloce in jump cut (come sta sperimentando il giapponese Nagisa Oshima, quello che a metà anni '70 s'imporrà a livello internazionale col film scandalo *Ecco l'impero dei sensi*) oppure la sostituzione del trasparente (lo schermo traslucido che consente di unire nella stessa inquadratura due immagini differenti) in front projection. Ossia la rivoluzione che Stanley Kubrick realizza per primo nel '68 col suo *2001: Odissea nello spazio*: non c'è bisogno di andare in Africa, per girare il prologo con le scimmie preistoriche, comodamente filmato in un teatro di posa a Londra con mimi e ballerini nell'atavico ruolo dei primati. Arrivati al terzo millennio la gara si giocherà sul campo degli effetti speciali: la gara vera, quella col piccolo schermo, sarà tutt'altro che terminata.

at the time and will use in his mid 70's scandal movie In the Realm of the Senses), *or the front projection.*
This is basically the on-going revolution Stanley Kubrick puts in place in 68 with 2001: A Space Odissey; *there's no need to move the whole set down to Africa anymore to film the sequel with prehistoric apes, it can be now done much more conveniently in some London studio with mimes and dancers playing primates. In the third millennium, special effects will be the key: the stiff competition with TV will be far from over.*

Back together again

The winner team is not much involved in this squabble, at least not yet. They are ready to work back together: De Sica behind the movie camera, Loren and Mastroianni in front of it, Ponti (when not involved in outrageous tiffs with the director) as producer and foreign investor seeker.
It's 1963 and Ieri oggi domani (Yesterday, Today and Tomorrow) *hits the theaters, again three episodes, this time all with the same team. It's an even bigger success: 600 million over the first few months to 1.7 billion total, unprecedented box office grossing amount in Italy, not even with the seven Academy Award winner* Lawrence of Arabia, *by David Lean.* Ieri oggi domani *swings on like a symphony: an allegro, a pause, a crescendo, a rapid movement, and Sophia – mostly her – switch-*

Il coreografo del Crazy Horse
durante le prove per lo
spogliarello
Ieri oggi domani
1963

*Strip tease rehearsal with
Crazy Horse choreographer
Yesterday, Today and Tomorrow
1963*

Di nuovo insieme

La sfida con la televisione non li tocca, almeno non
adesso. Infatti i quattro della collaudata formazione vincente sono pronti a tornare sul set assieme:
De Sica dietro la macchina da presa, Loren e Mastroianni davanti, Ponti (quando non è impegnato
a fare scintille col regista) alle prese con la produzione e la ricerca dei finanziatori stranieri.
È il 1963 quando nelle sale arriva *Ieri oggi domani*,
di nuovo tre episodi ma questa volta tutti con la
stessa squadra. E un successo ancora maggiore:
600 milioni nei primi mesi di programmazione, un
miliardo e 700 milioni il totale finale, un incasso
mai registrato prima in Italia e superiore persino
a quello di *Lawrence d'Arabia*, la megaproduzione
firmata David Lean e premiata con sette Oscar.
Ieri oggi domani ha l'andamento di una sinfonia:
un ripetuto allegro, una pausa, un crescendo, un
movimento rapido, e Sophia - lei soprattutto - che
passa versatile da un ruolo all'altro. Come Adelina
si aggira fra i quartieri spagnoli di Napoli venden-
do sigarette di contrabbando e facendosi mettere
continuamente incinta pur di evitare la galera:
l'ingegnosa trovata (ispirata ad Eduardo De Filippo, che ha scritto il soggetto, da una storia vera) si
ferma quando il marito Carmine dà segni di non
farcela più e interrompe i suoi "doveri coniuga-
li". Nel ruolo di Anna, si trasforma in una signora
della Milano bene, dizione ricercata e macchina di

*ing roles with so much versatility. As Adelina, selling
smuggled cigarettes around Naples' boondocks and being constantly pregnant to avoid jail: this ingenuous
loophole (Eduardo De Filippo wrote the script based on
a true story) would come to a stop only when her hubby
Carmine is no longer able to keep up with his "marital
duties". As Anna, she transforms into a well-off Milan
lady, with a refined diction and a big car: she is flirting
with her man of the moment, the broke, uncouth yet
handsome Renzo, up until he crashes her expensive ride
against a caterpillar; only then she realizes how boring
and meaningless this story is being, hence she decides to
grab the wheel and go back to her life.*
*This Italian style symphony is completed with the story
of the wholehearted hooker Mara set in Rome The episode works out perfectly, Mastroianni is very convincing in this compelling role, a pleasure seeking young
stud named Augusto, still afraid of his daunting dad:
howling and yelling like a mixed adult and kid, aroused
and excited at the same time in the unforgettable Sophia'
strip – tease scene to the background notes of Abat-
jour, a true milestone piece of movie history.*
*The irony all along the line lies in what cannot be done.
Mara has vowed not to 'do it' for a week, as long as
the astray young seminary student with a crush on her
and living in the attic right across, finds his way back
to where he belongs. The strip scene will be by the two
actors amusingly re-lived thirty years later in a Robert
Altman movie.*

Ieri oggi domani
1963

grossa cilindrata: sarà proprio quando il flirt del momento, lo squattrinato Renzo, le rovina l'auto mandandola addosso ad una ruspa che realizzerà quant'è insulsa la situazione e quanto l'annoia questo bellone ruspante sicché ingrana la quarta e se ne torna a gran velocità verso la sua vita. La sinfonia all'italiana si completa con la terza capitale - quella vera, Roma - dov'è ambientata la storia di Mara. La squillo di buon cuore è l'episodio che funziona meglio, con un Mastroianni che riacquista convinzione e fa del suo Augusto, bolognese godereccio sotto tutela di un papà autoritario, un personaggio irresistibile: il suo ululato di piacere, un mix di pensieri adulti ed entusiasmo bambino ricongiunti nell'eccitazione dell'attesa, è altrettanto indimenticabile quanto lo spogliarello di Sophia sulle note di *Abat-jour*, una scena simbolo della storia del cinema. Ma l'ironia, il vero filo conduttore del film, si riprende la sua parte: "quello" no, non si può, Mara ha fatto voto di stare una settimana "senza" purché il giovane seminarista che ha l'attico accanto al suo, affacciato su piazza Navona, torni sulla retta via mettendo a tacere i sensi che la ragazza gli ha risvegliato. Lo strip invece tornerà trent'anni dopo, ironicamente bissato dai due in un film di Robert Altman.

Appena il tempo di vedersi attribuire un Oscar e tre David di Donatello (Sophia fa in tempo anche a volare alla notte degli Oscar del '63 per consegnare

The whole job grants them one Oscar and three Donatello's (Sophia even flies to L.A. for the Oscar night to hand out the best actor award to Gregory Peck for To Kill a Mockingbird). *The foursome keeps working together on a whole different stint* Matrimonio all'Italiana, *based upon the original theater script by Eduardo De Filippo*

They raise the bar again by grossing in excess of three billion at the box office. It's not just about commercial success though, it's been a challenge. The fact that the movie was based upon a script aptly written for a play, so made of just words, and De Sica being that kind of director looking into sentiments and reality, was not an easy synthesis to combine. In addition to all that, the inevitable comparison with the '51 film version of the same script directed by De Filippo himself with his sister Titina in the role of Filumena. De Sica wants something different. So the background and the surroundings become crucial here (the alleys and the people of Naples, the colors, the balcony over piazza del Gesù - the square – just an ensemble of emotions) along with the re-writing of the script by adding revolving feedbacks which tell stories yet through images (like real paintings: the house where Filomena was prostituting herself and where Domenico had sheltered from a bombing during the war, or the two pretending to be an upper middle class couple at the horse racetrack).

The emotional texture remains intact as does parent-

Durante una pausa con
Vittorio de Sica sul set di
Ieri oggi domani
1963

*During a break, with
Vittorio De Sica on the set of
Yesterday, Today and Tomorrow
1963*

il premio a Gregory Peck, migliore protagonista per *Il buio oltre la siepe*) ed ecco che i quattro cambiano totalmente registro e si misurano con *Matrimonio all'italiana*, trasposizione su schermo del testo teatrale di Eduardo De Filippo. E superano se stessi raggiungendo i tre miliardi di incasso. Ma non è solo commerciale, il successo di una pellicola che è anche una bella sfida. Intanto perché è un cinema di parola, quello che nasce da un testo teatrale, e De Sica è invece regista di sentimenti e di realismo: la sintesi è tutt'altro che facile, e in più c'è l'inevitabile raffronto con la riduzione filmica realizzata nel '51 dallo stesso drammaturgo napoletano con la sorella Titina, una sublime Filumena.

Ci vuole un'idea, pensa De Sica. E la trova inondando le parole di esterni (i vicoli e la gente di Napoli, il colore, il balcone affacciato su piazza del Gesù: una tavolozza di emozioni) e riscrivendo il testo attraverso ripetuti flashback che affidano lo sviluppo della narrazione alle immagini (veri e propri quadri: la casa dove Filumena esercitava "il mestiere" e dove Domenico aveva trovato rifugio durante un bombardamento, oppure i due che anni dopo si atteggiano a coppia borghese in una giornata all'ippodromo). Il tessuto emotivo resta intatto, e intatta resta quella centralità dell'essere madre e dell'essere padre che è il cuore pulsante dell'intera storia. Mastroianni riprende baffetti e cipiglio del barone Cefalù, il protagonista di *Divorzio all'italiana*, e rende il suo Domenico esatta-

hood, the real throbbing heart of the entire story. Mastroianni is back with his moustache and frown as baron Cefalù, already the main character of Divorzio all'Italiana *(Divorce - Italian Style), and depicts his Domenico exactly as he appears, a bit shallow, self-centered, cynical, genuine enough to feel the pride of being father.*

Sophia (who picked this role for herself, and rightly did so), simply follows her natural instinct of a woman born in Naples: thanks to make-up and performance twenty years of Filomena's life is unveiled, all disappointments, the bitterness and the few moments of solace, the many humiliations, her intense passion for either Domenico and her sons which she has held back for so long and that finally outbursts toward the end. Sophia here keeps a certain degree of modesty in the character, as the only refuge to this hapless woman who has felt so displaced throughout her life. She'll play a similar role in Una giornata particolare *(A Special Day) as Antonietta. Her whole performance is astoundingly natural, one "highest level of interpretation" as De Sica repeatedly described it. Speaking of him, this movie has been his safety net after a he fell from grace with* I sequestrati di Altona *and* Il boom. *The movie earns him a Golden Globe and an Oscar nomination came along, yet not the whole thing since he already had the same award earlier on for* Ieri oggi domani . *Similarly, Loren "only" receives the "best actress" nomination and a secondary prize at the IV Moscow festival.*

Ieri oggi domani
Episodio Adelina
1963

Yesterday, Today and Tomorrow
Adelina episode
1963

mente com'è: un po' superficiale, piuttosto egoista, abbastanza cinico, molto preso di sé, genuino quel tanto che basta a fargli sentire l'orgoglio d'essere padre. Sophia (che anche questo film se l'è scelto, e aveva ragione) lavora sul suo istinto, di napoletana e di donna: grazie al trucco e alla sua recitazione, rivivono vent'anni di vita di Filumena, le delusioni, le amarezze, i rari momenti di calore, le tante umiliazioni, la passione che l'aveva legata a Domenico e che aveva tenuto per sé, quella per i figli che prorompe invece prepotente. Su entrambe Sophia fa calare un velo di pudore che è indispensabile rifugio per chi nella vita non si è sentita altro che un'abusiva: una variazione dallo stesso registro cui attingerà per l'Antonietta di *Una giornata particolare*. Il tutto con una naturalezza stupefacente e "un'interpretazione di livello altissimo" come più volte ripete lo stesso De Sica. Che con questo film risolleva il suo prestigio, in caduta libera dopo *I sequestrati di Altona* e il successivo *Il boom*, e si guadagna un Golden Globe e una nomination all'Oscar: la statuetta no, troppo vicina a quella assegnatagli per *Ieri oggi domani*. Lo stesso scotto lo paga la Loren che deve "accontentarsi" di una nomination come miglior attrice protagonista e del premio per l'interpretazione femminile al IV festival di Mosca.

Waiting on the ultimate Chaplin

Sophia will have to wait another three years before delving back again into her Neapolitan soul. She'll fit in the role of Maria Lojacono in the movie directed by Renato Castellani, Questi Fantasmi *(Ghosts - Italian Style). Here she keeps disguising her cuckolding habits making her husband believe their house is being haunted by ghosts: good ones though, as they leave food and money all over the place. This movie basically is a reprise of Eduardo De Filippo's predecessor of almost a decade earlier, who also wrote the script for the original play, but Castellani's film version opts for a different ending.*
The fooled husband begging the ghost no to leave the house (to the point that Mr.Lojacono's lover feels so sorry for the man to decide to break up with her), is replaced with the same husband who then fakes an honor bound murder of his wife to cleanse her sins and after doing some time in jail, back to freedom leaves the country with Maria.
Unfortunately Castellani seems to fumble around the streets of Naples like a tourist and Vittorio Gassman resembles a foreigner utterly stultified by an unknown language and culture: it's solely in the hands of Sophia to bring back the original roots of Eduardo's comedy. That's exactly what she's up to, starting with the scene of making coffee Naples style, "the poetry of life".
Marcello Mastroianni comes in handy, as his quick appearance towards the ending, as the ghost, a real one,

Con Carlo Ponti e Katharine
Hepburn a Burgenstock
1961

*With Carlo Ponti and Katharine
Hepburn at Burgenstock
1961*

In attesa dell'ultimo Chaplin

Sophia dovrà aspettare tre anni per rituffarsi nella sua anima napoletana. Lo farà con *Questi fantasmi*, diretta da Renato Castellani nel ruolo di Maria Lojacono, una moglie che copre le sue infedeltà lasciando intendere al marito che la casa sia popolata da fantasmi: fantasmi buoni, però, giacché la loro presenza si manifesta lasciando qua e là cibo e denaro. Il film riprende quello girato nel decennio precedente da Eduardo De Filippo, l'autore del testo teatrale che fa da soggetto ad entrambe le trasposizioni su schermo, ma Castellani sceglie di modificare il finale: in luogo del marito credulone che implora il finto fantasma di non lasciare la sua casa (commuovendolo al punto che lui lascia invece l'amante, l'infedele signora Lojacono) qui il tradito finge di uccidere la moglie per salvare quel che resta del suo onore, affronta il carcere e poi fugge all'estero insieme a Maria. Purtroppo Castellani si muove per le strade di Napoli come un turista a caccia di folklore e Vittorio Gassman sembra uno straniero frastornato da una lingua e una cultura sconosciute: l'onere di ridare ad Eduardo quel che è di Eduardo tocca a Sophia, e lei se l'assume sino a rifare la famosa scena della preparazione del caffè alla napoletana, "la poesia della vita". Marcello Mastroianni le dà una mano e alla pellicola regala un'apparizione veloce, proprio in chiusura, nelle vesti di un fantasma ma questa volta vero.

gives the film a final twist. It will come out in '67. Meanwhile, Loren has become a real star, incessantly sought by all major producers. The Fall of the Roman Empire *filmed between Rome and Spain sees her in the role of Lucilla, sister to Marco Aurelio the emperor, while his degenerate son Commodo is in charge of the already faltering late empire. It's an all-star cast (Alec Guinness, Mel Ferrer, Omar Sharif), but the trite genre has lost its appeal, as it just seems to recycle the old gigantic sets left around Cinecitta' studios after the 'colossal' season was over.*

Operation Crossbow *spans over a totally different historic timeline, the Second World War in a well scripted story of espionage and adventure about the V1 and V2 missile experiments. The main female character here has not much acting leeway other than few feeble dialogues with George Peppard, some action scenes here and there, and the image of her beautiful eyes wide open before the horror of the technological war.*

Another total change of direction can be seen in Lady L. *The biographical story of Louise, the duchess of Lendale, in the middle of the plush 19th century atmosphere, who has fallen for a charming gambler (Paul Newman) whereas she's married to a duke (David Niven), still so madly in love with her to the point of pardoning his rival, who is also an anarchist attempting at Prince Otto's life, and turning a blind eye over the leery fatherhood of Louise's eight sons. The director, Peter Ustinov is able to blend the dramatic story of Lady Lendale, by her in*

Lady L
1965

Lady L
1965

Il film di Castellani esce nelle sale nel '67; prima per la Loren, ormai ricercatissima come star di prestigio e di sicuro richiamo, è un susseguirsi frenetico di grandi produzioni internazionali. La prima, girata fra Roma e la Spagna, è *La caduta dell'impero romano*, colta nella fase dei suoi già evidenti scricchiolii durante la stagione di Commodo, figlio degenere di Marco Aurelio: Sophia è nel ruolo della sorella dell'imperatore, Lucilla, il cast è all stars (Alec Guinness, Mel Ferrer, Omar Sharif) ma il film mostra l'usura di un genere decisamente abusato, buono soprattutto a riciclare i grandiosi apparati scenografici rimasti a Cinecittà dopo la stagione dei kolossal.

Un bel salto in avanti sulla linea del tempo e l'attrice si ritrova in piena seconda guerra mondiale con *Operazione Crossbow*, un buon prodotto di avventura e di spionaggio, tutto giocato tra militari e missili V1 e V2. Ma dove, di conseguenza, il copione non prevede un vero spazio interpretativo per la protagonista femminile se non i deboli dialoghi col partner George Peppard, qualche scena d'azione e l'immagine dei suoi occhi sgranati dinanzi agli orrori tecnologici del conflitto.

Nuovo cambio d'abito per arrivare alle sontuose atmosfere ottocentesche di *Lady L*, biografia della movimentata esistenza della duchessa di Lendale, Louise, innamorata di un ladro fascinoso (ci mancherebbe, è Paul Newman) ma sposata a un duca

person told on the occasion of her eightieth birthday, and some British humor; furthermore he also indulges in the short cameo as Prince Otto. Sophia plays all the different ages of her character, starting with the familiar role of the laundress (French this time).

In the '60s as much as anywhere else in movie history, all major productions never try to make topical films on current affairs, thus actors just happen to keep changing their costumes, like different episodes of the same theme party or ball. In such a contest, Sophia switches from the Napoleon era frilly dresses to the clothes of a nazi commander's ex-wife in Judith. *Here she plays the dramatic role of this woman witnessing the birth of the state of Israel after the war and her detention inside the infamous Dachau concentration camp. She's involved in the convoluted tale of the search of her ex-husband now training the Arabs, and the rough Kibbutz life. On the same line is* Arabesque *(directed by Stanley Donen, lifetime achievement Oscar, 1998), still espionage now with a touch of greed and money .*

An action movie like many others of this time period, involving an expert in ancient hieroglyphics and an array of international schemes led by the couple Gregory Peck and Loren, backed up by lavish locations, Dior clothes and Henry Mancini's soundtrack.

Finally, in 1966, Sophia has the chance to re-discover her profound roots of the hot tempered working class beauty devoted to friar Giuseppe da Copertino, the fly-

Judith
1965

che invece è innamoratissimo di lei: tanto da far amnistiare il suo rivale, passato al ruolo dell'attentatore, e da chiudere entrambi gli occhi sulla paternità degli otto figli di Louise. Il regista è Peter Ustinov che per raccontare la lunga saga di Lady Lendale, da lei stessa rievocata al compimento degli ottant'anni, mixa all'impianto sentimentale il suo humour tutto british e si concede un piccolo cameo nelle vesti di Ottone di Baviera; il duca è un impeccabile David Niven, Sophia rivive tutte le età di Louise e per presentarsi ragazza torna a fare la parte della lavandaia (questa volta francese). E siccome le megaproduzioni, degli anni '60 come di tutti gli altri, all'attualità non sono interessate, agli attori non resta che continuare a cambiare costume, come se il cinema fosse un ballo mascherato a puntate: Sophia smette gli abiti di età napoleonica per indossare quelli dell'ex-moglie di un gerarca nazista. Il film è *Judith* e l'attrice un'ebrea che è scampata a Dachau e adesso vive l'atteso momento della nascita dello Stato di Israele: l'uomo che le è stato marito, però, è pronto a organizzare la resistenza araba e dovrà essere Judith a sventare il piano. Intrighi e un pizzico di spionaggio anche in *Arabesque* (regia di Stanley Donen, Oscar alla carriera nel '98), ma questa volta sotto il segno del dio denaro. Il plot ruota intorno ad un prezioso e conteso geroglifico che in realtà, ed è lo schema tipo dei film d'avventura di questi anni, è solo il

ing saint; here she plays a wilder female character and oftentimes barefooted on her native Neapolitan soil. This is the tale told in C'era una volta *(More Than a Miracle) directed by Francesco Rosi, featuring also Omar Sharif as the charming hidalgo, her future husband despite the hateful witches that have been trying to stand in her way.*

But before anything else, there's a milestone movie that has to be mentioned, even if not critically acclaimed, but definitely a unique event A Countess from Hong Kong, *Charlie Chaplin's final film, the mastermind's curtain call of 50 years full of unforgettable pages, Charlot being one of them. This last movie directed by the maestro comes ten years after* A King in New York *and a hiatus as long. This role has given Sophia the status of living testimony in the many Chaplin's events to come dedicated to his memory and legacy.*

Contessa *is a very atypical Chaplin movie: the only one featuring two renowned stars like Brando and Loren, a color film (revolutionary for such a director who was even reluctant to the use of sound), the only movie he is not in, just a quick cameo (as a seasick old steward). On top of it all, for the fist time, there's no more working class point of view, but the one of who's at the helm. Chaplin is behind the script in its entirety, besides directing and writing the score: a wealthy American diplomat disappointed by an unwanted assignment; a Russian countess as mysterious as active when it comes to finding a way to migrate to the United States; they*

pretesto per imbastire una girandola di azioni e scene mozzafiato vittoriosamente fronteggiate da Gregory Peck e dalla Loren; il resto lo fanno le sfarzose location, le mise Dior della protagonista e le musiche di Henry Mancini.

È il 1966 e Sophia ha per le mani un copione che la riporterà al ruolo della popolana bella e sanguigna, devota a frà Giuseppe da Copertino, il santo che vola, ma un po' selvaggia e spesso scalza sulla terra brulla della Napoli barocca e fiabesca di *C'era una volta*, diretto da Francesco Rosi con Omar Sharif nella parte di un fascinoso hidalgo, futuro marito della Loren con grande rabbia delle principesse di corte e gran disdoro delle streghe che le hanno ostacolato il cammino.

Ma prima c'è un altro copione, per Sophia, ed è quello di un film che è una pietra miliare. Un film criticato un po' da tutti ma che è innegabilmente un evento: l'ultimo diretto da Charlie Chaplin, quello che chiude oltre cinquant'anni di cinema del grande Charlot, uno che ha firmato solo capolavori, e che arriva dopo dieci anni esatti di fermo, a contare dallo sfortunato *Un re a New York*. E l'essere stata protagonista de *La contessa di Hong Kong* (distribuito esattamente dieci anni prima della morte del regista) farà di Sophia, per sempre, la testimonial della grandezza di Chaplin nelle tante commemorazioni a venire.

fall in love while on a cruise ship and live an extremely dicey situation as the diplomat's marriage and career are at stake. The man will follow his heart as opposed to the social rules and duties that always take a toll on people's lives. It's an old-fashioned, almost senile cliché and that is the main reason why critics do not welcome this last movie. Nevertheless, it contains all of Charlot's trademarks: style, grace, fragility, delicacy, the healing and subversive power of laughter, the sympathy for the defeated, the courage of difficult stands. A little gem made of harmony.

The two stars do not find much critical acclaim either, yet Chaplin will be part of their amazing careers forever. Sophia has meanwhile married Carlo in Sèvres, France during the shooting of the movie, exactly on Jan 2nd 1967. They will finally show up as monsieur and madame Ponti at the Paris premiere.

Sul set de La miliardaria con Peter Sellers
1960

With Peter Sellers on the set of
The Millionairess
1960

È vero, la *Contessa* è un film atipico nella filmografia chapliniana: l'unico girato con due star mondiali come Brando e la Loren, l'unico a colori (grande rivoluzione per un regista che già aveva resistito tenacemente al sonoro), l'unico in cui non compare in veste di attore se non per un veloce cameo (un anziano steward che soffre il mal di mare). E soprattutto una delle rarissime occasioni in cui abbandona il punto di vista delle classi subalterne per assumere quello di chi il potere lo esercita. La storia, come sempre scritta, diretta e musicata da Chaplin, è interessante: c'è un lui che è un diplomatico americano deluso da una nomina non gradita, una lei ch'è una contessa russa misteriosa quanto intraprendente, pronta a tutto pur di trovare rifugio negli States; l'amore scocca su una nave di lusso, inevitabile ma rischioso giacché per lui in ballo ci sono una moglie e una carriera. Che alla fine Marlon Brando molla per andare dove lo porta il cuore, verso una vita che antepone la ricerca della felicità ai doveri con cui si paga il successo. E forse è proprio questa incursione nel clichè della commedia sentimentale hollywoodiana che i critici non riescono a mandare giù. Un film senile, tagliano corto. Eppure dentro (e nonostante i suoi settantotto anni) Charlot c'è tutto: lo stile, la grazia, la fragilità, la delicatezza, il potere liberatorio e sovversivo della risata, la simpatia per chi si sente sconfitto, il coraggio di scelte difficili. Un piccolo

gioiello di armonia.

Neanche con i due attori protagonisti la critica è tenera ma intanto loro hanno aggiunto alle proprie carriere il nome di un regista-mito del cinema e altri due bei personaggi, all'altezza della loro fama. Sophia ha aggiunto anche il matrimonio francese con Carlo, celebrato a Sèvres proprio durante le riprese de *La contessa di Hong Kong*: il 2 gennaio 1967, madame e monsieur Ponti assistono alla prima assieme al tout Paris.

L'ATTRICE E LA DONNA

Sto piangendo, Domè,
e quant' è bello chiagnere…

(S. Loren, *Matrimonio all'italiana*)

Passano tre anni, prima che l'attrice torni sugli schermi. Ma un motivo c'è. Un ottimo motivo. Che infatti viene presentato in conferenza stampa, come il più importante dei film: si chiama Carlo jr Hubert, data di nascita 29 dicembre 1968, figlio dei coniugi Ponti ma un po' anche di Hubert de Watteville, ormai famoso quanto Sabin o Pasteur giacché è lui il medico del miracolo, il ginecologo che è riuscito dove altri hanno fallito e ha realizzato il più coltivato dei sogni di una donna che nel cinema ha traguardato tutte le mete possibili ma solo ora realizza l'obiettivo più importante: il matrimonio, i figli, una famiglia vera, solida e tutta sua.
La lunga attesa per poter diventare madre e poi l'incantevole sorriso raggiante, finalmente appagato mentre stringe fra le braccia il suo primogenito, hanno anche la forza di riavvicinare alla Loren il

The Actress and the Woman

*I'm crying, Domè,
and it feels so good…*

(*S. Loren*, Marriage Italian-Style*)*

Three years would pass before the actress made her return to the big screen. There was a perfectly good reason for this. With all the air of a big name film release, the reason was announced in a press conference: Carlo Jr. Hubert, born on December 29th 1968. The son of Carlo and Sophia, but named in part after Hubert de Watteville, by now just as famous as Sabin or Pasteur: he was the miracle worker, the gynaecologist who succeeded where others had failed. He helped to make the dream come true for a woman whose ambition had taken her to the very top in cinema, but who only now understood the most important objective of all: marriage, children, and a real family of her own.
Sophia had a long wait for her first child, but then, finally, we saw her charming, radiant smile as she held her firstborn tight. These images helped Loren to win back the favour of the Italian public, who'd grown distant and critical of her after her marriage abroad: she'd

favore del pubblico italiano, diventato distante ed ipercritico per via di quelle nozze contratte all'estero: una scappatoia da privilegiata, è l'accusa, e nessuno pare mettere in conto le orribili traversie vissute dalla coppia, e da tantissimi altri assieme a loro, in un'Italia senza divorzio, ostinata a rimanere indietro sull'orologio della storia. Il pubblico ha forse anche malgradito qualche eccesso divistico, con le cronache che s'erano sbizzarrite a raccontare lo sfarzo fiabesco della villa ai Castelli romani, il fascino sontuoso dello chalet a Gstaad, le case esclusive fra Parigi e New York, le collezioni di quadri e sculture d'autore, la girandola di gioielli, pellicce e argenti da collezione: l'Italia del boom misura le sue faticate conquiste (frigoriferi e televisori in ogni casa, ognuno con un'auto in strada, le vacanze alla portata di tanti) e tira conclusioni ostili alle altrui fortune. Ma per le tante donne deluse dall'attesa di un figlio che non arriva, Sophia è ridiventata una di loro, e infatti la inondano di lettere ogni volta che sui media rimbalza la notizia (vera o presunta, chi sa) dell'ennesima gravidanza interrotta: per quest'ultima, passata quasi per intero a letto nella suite dell'Intercontinental di Ginevra e portata a termine con la nascita di Carlo jr all'Hôpital Cantonal Universitarie della città svizzera, arrivano centinaia di telegrammi. Uno di questi porta la firma di Cary Grant - "Dear dear Sophia just learned the glorious news and am so very happy for you and Carlo and your wonder-

pulled a cheap, spoiled girl's trick, they had said. But no-one seemed to have taken into account the tortuous misfortune that beset the couple – as well as many others – in Italy, a country in which divorce was impossible; a country that remained stubbornly behind the times in certain issues. Perhaps the public hadn't taken too kindly, either, to those few reports of diva-like excesses: the fairytale-like magnificence of the villa at Castelli Romani, the sumptuous charm of the chalet in Gstaad, her luxury homes in Paris and New York, the collection of paintings and sculptures by famous artists, the piles of jewellery, furs, and silver: during the economic boom era, Italians took one look at their hard-earned goods (fridges and televisions in every home, a car in every driveway, and holidays available to everyone) and envied any kind of success greater than their own. Sophia had become a beacon for all those disappointed women still waiting for a child that would not come. Every time media rumours (unfounded or otherwise) circulated that she'd had another miscarriage, Sophia was flooded with letters of support from those who'd suffered a similar fate. She spent most of this latest pregnancy in her suite at the Intercontinental Hotel in Geneva, and Carlo Jr. was born at the Hôpital Cantonal Universataire in the same city. Sophia received hundreds of telegrams. One of these came from Cary Grant – "Dear dear Sophia just learned the glorious news and am so very happy for you and Carlo and your wonderful new baby. I know how it feels. Congratulations and much

A Parigi
1963

In Paris
1963

ful newbaby. I know how it feels. Congratulations and much love" - e nel 2006 farà parte dei quattromila pezzi esposti durante la mostra "Scicolone, Lazzaro, Loren" allestita al Complesso del Vittoriano a Roma, con un catalogo a cura di Vincenzo Mollica.

Come non ha esitato ad interrompere la carriera per diventare madre, Sophia ora non tarda a tornare al lavoro: appena qualche mese e già inizia le riprese de *I girasoli*, portandosi il bimbo sul set e anzi regalandogli il battesimo cinematografico con una breve apparizione nel film. La cosa curiosa è che quando invece arriverà sullo schermo con la sua identità, Carlo jr avrà bisogno di una controfigura: in *Her Own Story*, un TV movie dell'80, l'attrice rivive la nascita del primo figlio e ad interpretarlo è una neonatina di dieci giorni, Anita Cookson.

Non è un caso che per ricominciare mamma Sophia scelga De Sica, il regista che è sempre riuscito a farle sgorgare dal di dentro il meglio di sé, muovendo corde della sua sensibilità e della sua intelligenza che forse lei stessa non sapeva di possedere. Infatti *I girasoli* è bello e delicato. Come lo è la storia che racconta, una storia accaduta migliaia di volte, quella dei soldati dispersi e delle loro donne che si ostinano a cercarli girando con una fotografia in mano: danni collaterali della guerra, che è capace come nient'altro di distruggere la felicità e di

love". In 2006, this became one of the four-thousand items on show at the "Scicolone, Lazzaro, Loren" exhibition at the Complesso del Vittoriano in Rome, curated by Vincenzo Mollica.

Sophia went back to work just as quickly as she had put her career on hold to become a mother: just a few months later she began filming I Girasoli, *taking her kids to the film set and giving them their own first acting roles with a brief appearance in the film. Strangely enough, when it was Carlo Jr's time to appear on screen as himself, he required a body double: in* Her Own Story, *a 1980 TV movie, the actress relives the birth of her first son. Anita Cookson, a 10-day old newborn girl, played the part of Carlo Jr.*
It's no coincidence that Sophia chose De Sica to restart her career. This was the director who'd always managed to get the best out of Sophia: he was capable of drawing out a level of sensibility and intelligence in her which maybe even she hadn't suspected were possible. Indeed, as a film, I Girasoli (Sunflower) *is as beautiful and delicate as the story that drives it. It's a story all too real for thousands of women: missing soldiers, and the women with a picture of their beloved in hand, who refuse to stop searching for them. This is the collateral damage of war, a vicious beast capable only of destroying happiness, and bringing out the vileness and cruelty in men. The film uses flashbacks to tell of the marriage built both on convenience and love between*

tirar fuori dagli uomini le loro pochezze e miserie. Aiutandosi coi flash-back il film ricostruisce il matrimonio di convenienza e d'amore fra Giovanna e Antonio (celebrato per impedire che lui vada militare in Africa) e il loro addio quando lui, scoperto, è costretto a partire volontario per il fronte russo. Dal quale non fa più ritorno e dove Giovanna va a cercarlo; lei spera di trovarne almeno la tomba e invece trova lui, vivo ma con la nuova famiglia che s'è creato: l'addio vero è ora, anche se toccherà ad una stazione ferroviaria, luogo cult del regista, segnare il commiato definitivo.

Con *I girasoli* De Sica filma i suoi ultimi momenti di grande cinema dei sentimenti, tutto giocato sui chiaroscuri dell'anima e sull'umanità delle esistenze sconfitte dagli eventi, ma fra soggetto e copione si sente anche la mano creativa di Tonino Guerra (lo sceneggiatore di Fellini, Anghelopoulos, Tarkovskij, Antonioni) che ha affiancato con la sua vena poetica l'ottimismo un po' logoro di Zavattini. La Loren dà una prova d'attrice intensa e matura: le punte più alte, quella di una disperazione così assoluta da esprimersi solo attraverso la tristezza dei vinti, le raggiunge quando la sua Giovanna si trova faccia a faccia con la bella interpretazione della rivale russa, la donna che le ha portato via il marito armata unicamente di una dolcezza rabbiosa e tenace, oppure quando si confronta con l'invincibile energia della natura che dai cadaveri delle migliaia di soldati d'ogni nazionalità morti sul campo

Giovanna and Antonio (they married so that he would not be called up for military service in Africa), and of their goodbyes when they are found out and he is forced to move out to the Russian front. He never returns, and Giovanna sets out to look for him. Hoping to at least find his grave, she comes upon him, alive and well, with the new family he's made for himself: the real goodbye is now: the definitive parting of ways comes at a train station, one of the director's favourite settings.

I Girasoli *was the last of De Sica's great emotional dramas, playing on the light and shade of the soul, and the humanity of lives destroyed by outside events. Tonino Guerra (the writer who worked with Fellini, Anghelopoulos, Tarkovskij, and Antonioni) gives poetic creativity to the story and script, along with Cesare Zavattini's own brand of weary optimism. Loren's performance is intense, mature, and at its most powerful when she portrays the sheer desolation that can only be expressed through the sorrow of the defeated: it's in the moment when Giovanna finds herself face to face with the wonderful performance of her Russian rival; the woman who took away Giovanna's husband, armed only with furiously tenacious sweetness. Or when she considers the invincible power of nature: after a retreat over a snow-covered field littered with bodies of soldiers of all nationalities, sunflowers bloom on the field in a burst of colour and life. In his last collaboration with De Sica, Marcello Mastroianni plays Antonio. His performance is as masterful as ever, but once again he must*

Con Marcello Mastroianni
Matrimonio all'italiana
1964

With Marcello Mastroianni
Marriage Italian-Style
1964

durante la ritirata sulla neve fa sbocciare l'esplosione di colori e di vita delle distese di girasoli. Antonio è Marcello Mastroianni, qui alla sua ultima volta con De Sica, bravo come sempre ma ancora una volta alle prese con un uomo senza qualità, incapace di sfumature e persino di sentimenti veri: quando Giovanna, già innamorata, gli propone il matrimonio per scansargli la guerra d'Africa, lui accetta in seconda battuta dopo un iniziale no, "meglio gli scorpioni". Ruolo che comunque non intacca il suo talento d'attore, giustamente il più pagato fra gli italiani e pressoché alla pari coi colleghi internazionali, con un cachet che è secondo soltanto a quello della Loren. Né tanto meno incide sull'affiatamento della consolidata coppia di attori che subito dopo si ritrova su tutt'altro set, diretta da Dino Risi in *La moglie del prete*.

Il film tocca con coraggio un tema ancora tabù per l'Italia degli anni Settanta, quello del celibato dei preti cattolici, ma in fondo spreca l'occasione trasformandola in una commediola più polemica che ironica, troppo mirata contro l'ipocrisia dilagante e i compromessi imperanti per poter imboccare con decisione la via del dramma di coscienza oppure quella di una graffiante satira di costume. L'ambientazione è in Veneto, nel cuore dell'Italia clericale; il plot ruota intorno all'amore impossibile fra Valeria e don Marco, il sacerdote che l'ha salvata da un tentativo di suicidio: fra lei che svolazza in midi, così simile alla tonaca di lui, oppu-

get to grips with a character devoid of human qualities, incapable of subtleties or even true feelings: when an already enamoured Giovanna proposes marriage to Antonio so that he won't have to go to Africa, his first answer is 'no', but then he accepts, claiming it's "better than dealing with scorpions". The role would not undermine his talent as an actor, however. He was the highest paid actor in Italy – and with good reason – and commanded fees similar to those of his international colleagues, while his cachet of films was second only to that of Loren. The harmony between the now consolidated screen couple was similarly undisturbed, as was clear on the set of their next film together, Dino Risi's La Moglie del Prete.

The film bravely explores an issue that was still taboo in Italy during the '70s: that of the celibacy of Catholic priests. However, it seems more of a missed opportunity than anything else, as it becomes a comedy that sets irony to one side, and tries too hard to stir up controversy. It attacks the overwhelming hypocrisy and ruling contradictions but fails to make it either as a drama of conscience or as biting satire. The film is set in the Veneto region, the heart of clerical Italy; the plot revolves around the impossible love between Valeria and don Marco, the priest who thwarted her suicide attempt. As she breezes about with occasional peeks at her underwear, so similar in colour to his frock, or as she defies the Vatican hierarchy with her miniskirts, the priest tries to adopt a progressive attitude, but quickly

Un momento di relax
1952

Relaxing
1952

re affronta in minigonna le gerarchie vaticane, il prete prova a darsi un contegno da innovatore ma finisce per rientrare rapidamente nei ranghi. Non senza aver tentato di salvare capra e cavoli; trasferimento a Roma e nomina a monsignore li accetta, eccome, ma alla donna propone un appartamentino discreto, giusto a due passi da San Pietro... A questo punto è lei a rifiutare, e neppure gli dice di essere incinta. Insomma poca cosa, e comunque un soggetto lontano dal diffuso sentire di un Paese che s'appresta a vivere il suo decennio più significativo sul piano dei diritti civili e delle evoluzioni del costume (leggi sul divorzio e sull'aborto, voto ai diciottenni, riconoscimento dell'obiezione di coscienza). Ma naturalmente Risi è sempre Risi. E Sophia e Marcello, che da vent'anni girano film assieme soprattutto per fare allegria, non si sottraggono alle aspettative: *La moglie del prete* è tra i più visti della stagione, a un passo dal trionfo di Nino Manfredi e del suo *Per grazia ricevuta* che pure tocca, ma in forma di favola, il tema dei tabù religiosi.

Malissimo va invece a *La mortadella* nonostante l'autorevole firma di Mario Monicelli, quel grande talento che ha diretto *I soliti ignoti* e *La grande guerra*. Ma davvero non regge, la storiellina che il regista imbastisce con la pretesa ideologica di mettere in ridicolo l'America e il suo orgoglio democratico, e nella caduta rovinosa coinvolge un cast di tutto

ends up toeing the Catholic line. Initially, however, he tries to have it both ways: he gladly accepts transferral to Rome and a nomination as monsignor, but he also proposes a discreet flat to the woman, just a quick walk from San Pietro... This time it's her turn to refuse, and she doesn't even tell him she's pregnant. It's an inconsequential sort of film, and its theme was a far cry from the issues that were truly important during this period in Italy. The country was going through its most revolutionary decade in terms of civil rights and traditions (the Divorce and Abortion Laws, voting rights for eighteen year-olds, legal recognition for conscientious objectors, etc.) But Risi of course, stayed true to his style. Sophia and Marcello who'd been making happy, funny films together for twenty years, delivered the goods: La Moglie del Prete was one of the most successful films of the season, just behind Nino Manfredi's Per Grazia Ricevuta (Between Miracles). The latter film also touched on the theme of religious taboo, albeit in the form of a fairytale.

Despite Mario Monicelli's direction – the great talent behind I Soliti Ignoti (Big Deal on Madonna Street) and La Grande Guerra (The Great War), La Mortadella (Lady Liberty) fared much worse. The already weak story flagged even further under the director's ideological attempt to ridicule the United States and its democratic pride. Alongside Sophia (playing Maddalena Ciarrapico, an Italian woman detained at a New

La miliardaria
1960

The Millionairess
1960

rispetto che annovera, accanto a Sophia (Maddalena Ciarrapico, l'italiana bloccata all'aeroporto di New York per via di quella mortadella che ha ricevuto come insolito regalo di nozze), Gigi Proietti, Danny De Vito, Susan Sarandon. Tutti spaesati su un set che pare fuori dal mondo: in questo stesso anno in Italia escono *La classe operaia va in Paradiso*, un film di Elio Petri che parla con lucido realismo delle condizioni di lavoro nelle fabbriche, e *Il caso Mattei* (la morte del presidente dell'Eni in un oscuro incidente aereo all'ombra delle Sette Sorelle) mentre sono ancora nelle sale *Zabriskie Point*, visionaria critica al sistema capitalistico firmata da Antonioni, e *Indagine su un cittadino al di sopra di ogni sospetto* (sempre di Petri, Oscar per il miglior film straniero e Nastro d'argento a Gian Maria Volontè, strepitoso protagonista), e di qui a non molto arriverà anche Francesco Rosi col suo *Cadaveri eccellenti*, tutto imperniato sulle stragi terroristiche e sulla strategia della tensione.

Si potesse, *La mortadella* sarebbe un film da cancellare. Sophia è la prima a detestarlo ed è anche quella che ne paga subito le spese: nel '72 appare in cima alla lista delle donne peggio vestite del mondo, classifica stilata dallo stilista americano Richard Blackwell. Una prima rivincita arriva subito, col tradizionale sondaggio al Madame Tussauds, il museo delle cere di Londra, che per due anni consecutivi, il '73 e il '74, la proclama "donna più bella del nostro tempo" (titolo vinto negli anni precedenti da Liz Taylor e Raquel Welch), più tar-

York airport due to the eponymous Mortadella sausage, an unusual wedding gift), an all-star cast came crashing to Earth in this film: Gigi Proietti, Danny De Vito, and Susan Sarandon, who all look sort of lost on a surreal set. The same year saw the Italian release of Elio Petri's La Classe Operaia va in Paradiso, *a lucidly realistic film about factory working conditions, and* Il Caso Mattei *(about the suspicious death of the head of ENI, the Italian oil and gas company, in a mysterious plane accident).* Zabriskie Point, *Antonioni's visionary critique of the capitalist system was still showing in cinemas, as was Petri's* Indagine su un cittadino al di sopra di ogni sospetto *(Investigation of a Citizen Above Suspicion, winner of the Oscar for Best Foreign Language Film, and a Nastro d'Argento award for Gian Maria Volontè's masterful performance), and shortly thereafter would come Francesco Rosi's* Cadaveri eccellenti, *revolving around terrorist attacks and political tension.*

La Mortadella *(Lady Liberty) might as well be consigned to the annals of forgettable movie history. Sophia hated it as much as everyone else, and she was also the first one to pay the price for it's crashing failure: the fashion designer Richard Blackwell had her at the top of his "Ten Worst Dressed" list in '72. She was soon to get her revenge, though, as she was proclaimed "the most beautiful woman of our times" two years running ('73 and '74) in the traditional survey carried out by the Madame Tussauds waxwork museum in London. The*

In sala di doppiaggio
1961

During a dubbing session
1961

di arriveranno gli anni in cui le *maison* Valentino e Armani si contenderanno l'onore di vestirla e Damiani lancerà una raffinata linea di gioielli che porta il suo nome.

Il film successivo, *Bianco rosso e…*, inverte i ruoli de *La moglie del prete*: qui la religiosa è la Loren e la sua tentazione d'amore è Adriano Celentano, cantante di enorme successo che s'è avvicinato al cinema con notevoli esiti commerciali e ora ha il ruolo di un comunista tutto d'un pezzo, agitatore di piazza d'animo gentile. Il rischio della trasgressione percorre l'intera pellicola ma l'unico bacio arriva alla fine, quando lui è in punto di morte e lei gli chiude le labbra per impedirgli l'ultima bestemmia. A dirigere il film è Alberto Lattuada e infatti nell'aria aleggia il ricordo del suo *Anna*, dove la suora-infermiera che si ritrovava a curare l'amore dei suoi anni giovani era Silvana Mangano, ma l'impianto drammatico qui scompare a favore di una commedia di sentimenti e soprattutto di immagini. E se la recitazione di Celentano, piuttosto improbabile nel ruolo dello sfegatato comunista, richiama alla mente gli epici scontri cinematografici fra Peppone e don Camillo, Sophia è ormai talmente padrona del mestiere che può fare quello che vuole: velo e soggolo non fanno che esaltarne la bellezza, la sua suor Germana si modula sulle belle musiche di Fred Buscaglione e procede mixando una sensualità e una voglia di tenerezza che incantano gli spettatori.

title had gone to Liz Taylor and Raquel Welch in previous years. Later, both the Valentino and Armani fashion houses would contend for the honour of dressing her, and Damiani launched a fine line of jewellery bearing her name.

The roles of La moglie del prete *were reversed for her next film,* Bianco, Rosso e… : *here, Loren plays the devoted, religious character, and the figure of temptation is played by Adriano Celentano, the hugely successful singer who'd made the switch to cinema scoring some big commercial hits. In* Bianco, Rosso e…, *he plays a hard-line communist; a town square demonstrator with a gentle disposition. An air of transgression pervades the entire film, but the only kiss to be had comes right at the end: Celentano is about to die, and she closes his mouth with her own so as to prevent his final, blasphemous words. Alberto Lattuada directed, and there are echoes of his film* Anna *here: in the latter, Silvana Mangano played the young nun and nurse dealing with love, but here, drama is ditched in favour of sentimental comedy and strong images. In his somewhat improbable role as the fanatical communist, Celentano's performance evokes Peppone and Don Camillo's epic cinematographic battles of words and wits, while Sophia seemingly has the Midas touch: in her role as Sister Germana, a wimple only serves to accentuate her beauty. Her performance seamlessly blends in with Fred Buscaglione's wonderful score, and she mixes sensuality with a need to be loved in a way that simply enchants the viewer.*

Sul set di Ieri oggi domani con
Vittorio de Sica
1963

*With Vittorio De Sica on the set
of Yesterday, Today and
Tomorrow*
1963

L'addio a De Sica

Carlo Ponti invece scalpita. Gli serve un successo vero, internazionale, miliardario, e gli ultimi film che ha voluto per la moglie, il cavallo di razza della sua scuderia, non hanno scalato nessuna di queste vette. Neppure, anzi meno che mai, la megaproduzione che ha messo su per *L'uomo de La Mancha*, trasposizione su schermo di un fortunato musical di Dale Wasserman.

Sulla carta la pellicola è un successo annunciato: il protagonista maschile è Peter O'Toole (nel doppio ruolo di don Chisciotte e del suo creatore, Cervantes), la fotografia è di Peppino Rotunno (il mago della luce di *All That Jazz* di Bob Fosse), la direzione è affidata ad Arthur Hiller (reduce dai campioni d'incasso *Love Story* e *Appartamento al Plaza*), la produzione è United Artists, formato 35 millimetri gonfiato a 70 in Vistavision de luxe. Ma al botteghino la storia musicata del "cavaliere dalla triste figura" è un tristissimo flop; da parte dei critici, poi, è un massacro. Al produttore non resta che puntare ancora una volta sull'accoppiata vincente, quella che non l'ha mai deluso: Loren e De Sica, tanto più che quest'ultimo è reduce dal quarto Oscar per *Il giardino dei Finzi Contini*, premiato anche con un Orso d'oro alla Berlinale. Il progetto però deve aspettare: Sophia, di nuovo a Ginevra e di nuovo seguita dal fido De Watteville, sta per dare alla luce il suo secondogenito, Edoardo, il fu-

De Sica – A Parting of Ways

In the meantime, Carlo Ponti was desperate for a big hit. He wanted a multi-billion lira, international smash, but none of the films he'd produced for his wife – the jewel in his company's crown – had as yet climbed such dizzy heights. Ponti hoped the massive production of Man of La Mancha, *the big screen adaptation of Dale Wasserman's hit musical, would change things. But if anything, it fared worse than Ponti's previous attempts.*

On paper the film was a sure-fire winner: Peter O'Toole was the male lead (in a double role as both Don Quixote and his creator, Cervantes); photography was done by Peppino Rotunno (the lighting genius behind Bob Fosse's All That Jazz*), and fresh from his box office success with* Love Story *and* Plaza Suite, *Arthur Hiller directed. United Artists produced the film, and the 35mm printed film format was blown up to 70mm in Vistavision De Luxe. However, the musical tale of the melancholic knight-errant was, sadly enough, a huge flop at the box office, and it was savaged by the critics. The only option left to Ponti was to bet everything on his usual winning hand; the film couple who'd never let him down: Loren and De Sica. The latter was fresh from his Oscar win for* Il giardino dei Finzi Contini *(The Garden of the Finzi-Continis), which had also won a Golden Bear at the Berlin Film Festival. But the project had to be put on hold: Sophia was once again in Geneva with De Watteville, where she would give birth to her*

La ciociara
1960

Two women
1960

turo regista che la dirigerà in *Cuori estranei*.

Lo stop alla carriera questa volta si limita al minimo indispensabile, il bimbo nasce il 6 gennaio del '73 e l'anno successivo l'attrice è di nuovo sugli schermi nel ruolo della siciliana Adriana, vedova e malata, innamorata da sempre e segretamente del cognato Cesare che è interpretato con forza ed eleganza da Richard Burton. Il film è *Il viaggio*, l'ultimo diretto da Vittorio De Sica, ormai ad un passo dal cedere alla malattia che lo stroncherà nel novembre 1974: il regista ha inutilmente insistito con Ponti per farsi produrre, finalmente, la trasposizione di *Un cuore semplice*, da Gustave Flaubert, perché forse è con Félicité, una donna ignorante ma pura di cuore, che vuole dare l'addio al cinema e alla vita. Il suo sogno non si realizza neppure questa volta ed è innegabile che De Sica riversi in Adriana i tratti essenziali della ragazza immaginata dall'autore di *Madame Bovary*. E dunque la protagonista del *Viaggio* è, come Félicité, buona, generosa, con un senso delicato e poetico dell'esistenza che fa di quel suo cuore semplice un'anima grande: Sophia la interpreta con rara credibilità, nel sorriso che sgorga improvviso come nel dolore che l'accompagna alla brusca conclusione del suo sogno d'amore e alla morte. La regia è come sempre sobria, pudica, misurata; lo stesso epilogo tragico, che lo spettatore intuisce da subito anche senza aver letto la novella di Pirandello che fa da soggetto alla pellicola, stempera il rischio di un eccesso di commozione: è

second son, Edoardo. the man who would go on to direct her in Between Strangers.

This time Sophia took much less time off work: Edoardo was born on January 6th, 1973, and the actress was back on screen the very next year. Her role was that of the dying Sicilian widow Adriana, who had always been secretly in love with her brother-in-law, Cesare, played with power and elegance by Richard Burton. Il viaggio was De Sica's swansong. In November of 1974 he gave in to illness and passed away. The director had repeatedly tried to convince Ponti to produce an adaptation of Gustave Flaubert's short story A Simple Heart from the work Three Tales for him to direct. It seems he had wanted to say his goodbyes with Félicité, an ignorant, yet pure-hearted woman. Unfortunately it wasn't to be, and as a result, the essential traits of that girl dreamed up by the author of Madame Bovary are clearly reflected in the character of Adriana. Just like Félicité, the protagonist of Il Viaggio (The Voyage) is kind-hearted and generous, with a delicate and poetic feeling for life which renders truly great her simple heart and soul. Sophia plays her part with extraordinary credibility. Her smile blooms just as suddenly as the pain when her dreams are brutally crushed by fate and death. De Sica's direction is as sober, delicate, and sensitive as ever. Even without having read Pirandello's original novella, the viewer can immediately guess at the tragic end that is to come, lessening the risk of the whole affair becoming too overemotional: it is with this tale of love and death

con questa storia d'amore e morte che se ne va un uomo di grande cinema.

Si chiude una stagione durata mezzo secolo, con l'uscita di scena di Vittorio. E per Sophia se ne apre una non facile. Prima ci si è messa la Tributaria, che da un anno sta facendo le pulci ai bilanci e ai guadagni di Ponti con un'inchiesta per evasione fiscale che di lì a non molto avrà sviluppi eclatanti (altri, ad esempio Mastroianni, se la cavano rateizzando a quattrocento milioni l'anno l'evasione accertata); dopo, con la ferita ancora aperta della perdita di un grande amico e del suo unico vero maestro, ci sarà un altro addio definitivo, quello al suo papà anagrafico. Compunta e silenziosa, l'attrice non viene meno al ruolo di capofamiglia che s'è assunta sin da ragazzina e tenendosi accanto la sorella Maria è in prima fila al funerale di Riccardo Scicolone. È il 1978 e mammina Romilda non c'è, preferisce tenersene lontana.

Verso Scola

Ponti continua a scalpitare. Anche *Il viaggio* l'ha deluso, almeno dal suo punto di vista. Dovrà aspettare ancora qualche anno, e imbastire ancora nuovi tentativi, prima di vedere soddisfatte le sue aspettative: suona paradossale, ma il film che le realizzerà - *Una giornata particolare* - sarà anche l'ulti-

that one of the great men of cinema left us.

An era that lasted half a century ended with Vittorio's passing. This coincided with the beginning of a troubled period for Sophia. First of all, the tax office had been looking into Ponti's earnings on the suspicion of tax evasion, and the investigation would later go on to have serious ramifications for Sophia (others – Mastroianni, for example – got away with annual back payments of four-hundred million lira). Later, still reeling from the death of her great friend and one true teacher, Sophia was dealt another blow with the death of her biological father. Silent and composed, the actress once again took on her role as head of the family; the same role she'd had almost since her childhood. Together with her sister, Maria, she sat at the front of the church during Riccardo Scicolone's funeral. The year was 1978, and mammina Romilda had preferred to stay away.

Working with Scola

Ponti was still desperate for the big one. From his point of view, even Il Viaggio *was a disappointment. A few more years and failed tries later, he finally got the smash hit he'd been craving: it sounds like a paradox, but* Una giornata particulare *(A Special Day), the film that did it for him, was the last film he produced from his office in Ara Coeli, Rome. From here on in, Carlo became – according to his own, oft-repeated words – "an Italian*

In pausa
La baia di Napoli
1960

During a break
It Started in Naples
1960

mo prodotto dal suo ufficio romano all'Ara Coeli, subito dopo Carlo diventerà "un italiano che vive all'estero", secondo un'autodefinizione più volte ripetuta, e trasferirà studio e attività negli Stati Uniti, fra New York, Los Angeles e il ranch ("La concordia", poi venduto nel 2006) nella Hidden Valley in California.

Prima del film con Ettore Scola, Sophia recita accanto a Jean Gabin (il grande protagonista di *Alba tragica* e *Il porto delle nebbie*, qui alla sua penultima interpretazione) nel ruolo di una madre in cerca di salvezza per il figlio, accusato di stupro e omicidio; la disperazione la porta a rapire la moglie dell'integerrimo presidente del tribunale e lui, che è appunto Gabin, finisce col cedere al ricatto. Ma sua moglie, ch'è malata, muore ugualmente durante il sequestro: a Sophia non resta che seguirla nella stessa sorte, una vita per una vita. Il film è *L'accusa*, girato in una Lione grigia quanto la storia raccontata da André Cayatte, ex-avvocato e regista pensoso sulla giustizia amministrata dagli uomini. Intimista e raccolto è invece *Breve incontro*, self-remake di David Lean che dopo trent'anni riprende, e non è che il tempo l'abbia reso desueto, il tema del conflitto fra passione e dovere. Semmai, rispetto alla versione precedente, questa che ha per protagonista la ricostituita coppia Loren-Burton ha il pregio di sottrarsi al diktat delle convenzioni e se alla fine comunque opta per il dovere è semmai in nome del rispetto di se stessi. Il plot si dipana

living abroad". He moved his studio and business to various places in New York, Los Angeles, and his ranch ("La Concordia", sold in 2006) in Hidden Valley, California.

Before going on to work with Ettore Scola, Sophia performed alongside Jean Gabin (the great protagonist of Le port des brumes *and* Le jour se lève, *in his second to last performance). She plays a mother looking to save her son, a man accused of rape and murder. Gabin plays the incorruptible head of the court, whose wife is abducted by Sophia, a woman resorting to extreme measures in her desperation. In the end Gabin gives in and pays the ransom. However, his diabetic wife dies during her detention at the hands of Loren. Sophia will suffer the same fate; she will pay for Nicole's life with her own. The film is* Verdict. *Filmed in Lyon, the city's shades of grey reflect the mood of the story told by André Cayatte, a former lawyer turned director who focused on the issue of justice dealt out by men. David Lean's remake of his own film,* Brief Encounter, *is a cosy, intimate affair. After thirty years, the theme of the conflict between passion and duty was just as relevant as ever. This latest version – starring Loren and Richard Burton – didn't follow traditional conventions as blindly as the original version, and even though the protagonists go with duty rather than passion in the end, it's more out of self-respect than anything else. The fluid plot unravels gracefully; Richard Burton proves himself to be the consummate professional, and Sophia a wonderful*

Con il produttore Peppino Amato
alla Festa del Cinema
1957

With the producer Peppino Amato
at the Festa del Cinema
1957

con grazia e fluidità, con Richard Burton che si conferma grande professionista e Sophia grande interprete, capace di aggiungere al suo ruolo più sfumature e chiaroscuri di quanti lo stesso regista riesca ad imprimere all'insieme.

Una tipica commedia, dinamica e spiritosa, è invece *La pupa del gangster*, con una trama ben congegnata (non a caso il soggetto è l'adattamento di un racconto di Cornell Woolrich) e un ritmo serrato e frizzante che al cinema funziona sempre, soprattutto se intervallato da ripetuti siparietti d'autore (riuscitissimo quello di Leopoldo Mastelloni che canta *en travesti*). Un divertissement, per il pubblico e per gli stessi protagonisti, entrambi presentati nel titolo: il gangster è Marcello Mastroianni, fresco della sua prima stagione francese e reduce dall'impegnato set di *Allonsanfan*; la pupa che lui ama a suon di ceffoni è Sophia, ironico e convincente clone di quella Rita Hayworth che piace tanto al boss. Nessuno dei due deve più dimostrare niente, quanto ad adattabilità ad ogni ruolo, ma entrambi danno l'ennesima prova di grande professionalità ridendo, per poi far ridere, anche se le riprese coincidono con le ultime settimane di vita di Vittorio De Sica.
Meno felice il treno *all star*, vero protagonista di *Cassandra Crossing* diretto dal regista greco-egiziano George Pan Cosmatos. Fra i vagoni del Transcontinental Express - diretto a Stoccolma ma

actress, capable of adding more elements of light and shade to her character than the director could produce in the film as a whole.

Poopsie & Co. *is a typically cheerful, dynamic comedy. The plot is well thought up (it's an adaptation of one of Cornell Woolrich's tales), and the story fizzes along in a way that always gets the thumbs up in cinema, especially when it's liberally dotted with little cameos from great masters (a highlight being Leopoldo Mastelloni's brief musical appearance in drag). The film was fun for both the public and the eponymous protagonists themselves: fresh from his first tour of duty in France and the problematic filming of* Allonsanfan, *Marcello Mastroianni plays the gangster; the moll he both loves and slaps around in equal measure is played by Sophia, giving an uncanny, ironic impersonation of the mobster's beloved Rita Hayworth. Neither star had anything to prove at this point in their careers, but once again they give it their all, enjoying the ride as much as the public, even though filming coincided with Vittorio De Sica's last few weeks of life.*
With it's all-star passenger list, the train carrying Sophia is the real star of the darker *The Cassandra Crossing, *directed by the Greek-Egyptian director George Pan Cosmatos. Originally headed for Stockholm, the Transcontinental Express is diverted to a quarantine camp in Poland in order to thwart a bacteriological war started by a terrorist group in Geneva. Film legends such as*

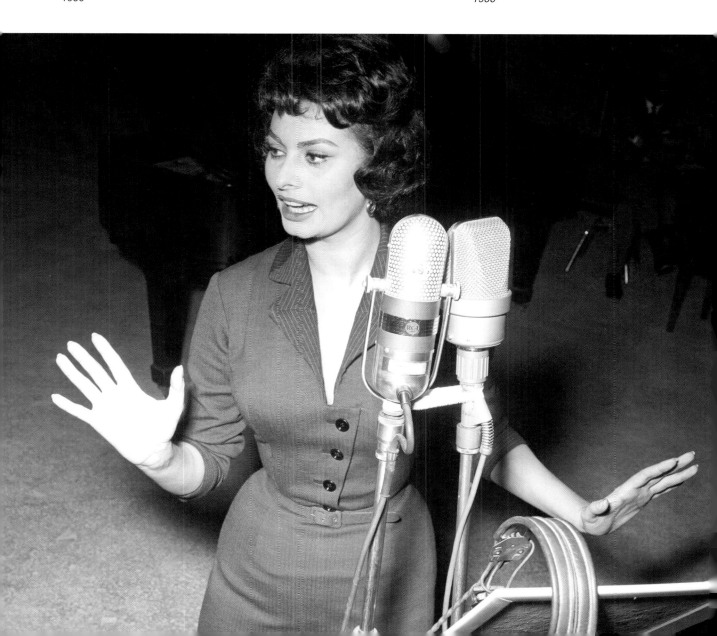

dirottato verso un campo di quarantena in Polonia per sventare la guerra batteriologica innescata a Ginevra da un gruppo terroristico - si aggirano monumenti del cinema come Ava Gardner, Burt Lancaster, Richard Harris, Ingrid Thulin, Alida Valli, Lee Strasberg, O. J. Simpson. E Sophia Loren, che è la moglie (bi-divorziata ma in odore di riappacificazione) di Harris, medico in missione sanitario-umanitaria che insieme a lei impedirà, almeno in parte, il piano suicida delle autorità militari, ben decise a far deragliare il treno con tutti i passeggeri e i virus che si portano addosso. Un film ben confezionato, che apre la strada al filone catastrofico su cui il cinema in seguito si eserciterà utilizzando ogni mezzo di trasporto esistente, ma che oltre lo spettacolare non va: gli amanti del genere però apprezzano e accolgono con i dovuti sobbalzi gli effetti a sorpresa dispensati a piene mani dagli impianti tecnici di Cinecittà, in questo periodo davvero alla pari con quelli hollywoodiani. Ogni pellicola, si sa, è debitrice della storia evolutiva del mezzo cinematografico: fra riprese ad alta velocità, acrobazie di elicotteri ed esplosioni in volo, qui la megaproduzione Italia-Germania-Gran Bretagna i suoi frutti li ha dati. Sophia, alle prese con un copione un po' pasticciato, fa quello che può: porta in giro fra i vagoni la sua grazia e la sua bellezza, esaltata ancor più dal confronto con tutte quelle star tristemente incamminate sul viale del tramonto. Strada che le è e anche in futuro

Ava Gardner, Burt Lancaster, Richard Harris, Ingrid Thulin, Alida Valli, Lee Strasberg, and O.J. Simpson wander amongst the carriages alongside Sophia Loren, playing Harris' wife (already twice divorced, the couple seem like they're making another go of it). The latter is a doctor on a humanitarian health mission, and together with his wife they help scupper the Military's suicidal plan to derail the train with all its passengers and the virus onboard. It's a well-made film, and it paved the way for a whole host of disaster movies featuring every conceivable means of transport out there. But there's little substance under the action-packed surface. This was a period in which the special-effects people at Cinecittà were churning out scenes just as technically impressive as any produced in Hollywood; the public was suitably wowed by the effects, and fans of the genre had plenty to sink their teeth into. All films owe so much to the continuous evolution of cinematographic technology: what with its high-speed chase sequences, acrobatic helicopter shots, and mid-air explosions, this joint Italian-German-British co-production was certainly no exception. Sophia did the best she could with a messy script: she gracefully wanders through the carriages, her beauty accentuated even further amongst all those other stars at the twilight of their careers. To this day, Sophia has not yet reached that point. Hers was a different problem altogether. Like any true actor, she needed good stories and good directors, and as Ponti could have testified, finding them was no easy task. Further proof (were it

Olympia
1960

A Breath of Scandal
1960

le sarà sconosciuta. È un altro, il problema della Loren. Che, come ogni vera attrice, ha bisogno di buoni soggetti e buoni registi, e anche a cercarli sul mappamondo, come Ponti fa per lei da tempo, non è che se ne trovino spesso. Sicuramente non è il caso di *Angela, il suo unico peccato era l'amore… il suo unico amore era il figlio*, versione riveduta e scorretta del mito di Giocasta ed Edipo con contorno di veggenti, malavita canadese e altre incongruenze. Sophia cerca di dare coerenza a questa madre che finisce con l'innamorarsi del figlio (senza saperlo, ovvio) ma ha un bel darsi da fare: perennemente in bilico sul crinale fra tragedia e romanzo di appendice, con qualche tratto di involontaria comicità, il film alla fine risulta soprattutto noioso.

Ci vuole un copione, per Sophia. Ci vuole una storia che lei possa fare sua e raccontare dallo schermo grazie a quel mestiere che ormai padroneggia totalmente. Ha 43 anni, quasi venti di carriera, 75 film alla spalle. Ha imparato tutto, ogni registro dal comico fino al tragico, la gestione dello spazio, la recitazione dello sguardo, l'espressività del silenzio, l'interiorizzazione del personaggio, la mise en abime, il tempismo nel porgere i tempi e le battute. Ma soggetto e copione ci vogliono, non c'è diva che possa reggere film a ripetizione contando sulla sua sola presenza. E occorre anche un regista che non si appaghi di averla con sé, sul set e nei titoli, e sappia toccare i suoi tasti con mano lieve,

needed) of this was to be had in Angela, *a revised and inaccurate version of the myth of Jocasta and Oedipus, liberally garnished with clairvoyants, the Canadian underworld, and various other inconsistencies. Sophia attempts to give some kind of coherence to her character, this mother who (subconsciously, of course) falls in love with her son, but she has her work cut out for her: with the film teetering between tragedy and soap opera, as well as a few involuntarily comedic moments thrown in for good measure, the lasting impression left by* Angela *is actually one of boredom.*

Sophia needed a script. Having completely mastered her art, she needed a story for the big screen that she could make her own. She was 43 years old, and had made 75 films in almost twenty years. She'd learned everything, every register, from the comic to the tragic, how to manage the space around her, how to express herself using only her eyes, or using silence itself. She knew how to interiorize her character, she'd perfected her timing, and the use of mise-en-abîme. But a good story and script were essential: there isn't a single diva who can continuously carry films with their presence alone. She also needed a director who wouldn't simply be satisfied to have her on the set and in the end credits. Sophia needed a director with a light hand; someone like a pianist, who with the slightest brush of the keys could bring out the harmony contained within, to joyously accompany the score. Finally, the right story came along. Sophia im-

Una giornata particolare
1977

A special day
1977

come un pianista cui basta sfiorare la tastiera per tirare fuori l'armonia dello strumento e affiancarla a quella della partitura. Quel soggetto c'è, a Sophia è piaciuto subito e anche Mastroianni ci crede: aspettano tutti e due sei mesi pur di girarlo giacché produttori disposti ad investirci non se ne trovano. Ponti sfodera tutta la sua tenacia e il suo carisma, convince dei finanziatori canadesi che si associano alla Champion: Ettore Scola può dare il primo ciak per *Una giornata particolare*. E i produttori che non l'avevano voluto finanziare ora si mangiano le mani: il film raccoglie l'entusiasmo sia del pubblico che della critica, ed era tanto che non succedeva, e incassa una valanga di premi tra cui due David di Donatello (a Scola e alla Loren), un César e un Golden Globe come miglior film straniero, un Nastro d'argento (di nuovo alla protagonista femminile) che è il più antico riconoscimento cinematografico europeo, secondo nel mondo solo all'Oscar. Niente invece a Cannes ma la giuria, presieduta da Roberto Rossellini, è aspramente contestata da tutta la stampa internazionale. Parigi va in delirio per *Una giornata particolare*, "Quel plus beau couple de cinéma?", si chiedono i francesi che amano Mastroianni e amano Sophia, molto più di quanto la apprezzi in questo periodo l'Italia. Che ancora una volta deve ricredersi e inchinarsi dinanzi al suo talento. Perché il film è praticamente perfetto ma il vero colpo d'ala è il suo.

La trama intreccia due piccole storie personali

mediately fell in love with it, and Mastroianni believed in it, too. But they both had to wait six months to start filming because at first no producers could be found to finance the project. In order to get the green light, Ponti had to use all his tenacity and charisma to convince a group of Canadian investors to join up with his Champion company: it was a deal, Ettore Scola could start filming Una Giornata Particolare *(A Special Day). The producers who hadn't wanted to finance the project lived to regret the one that got away: the film was loved by both the public and critics alike, something that hadn't occurred in quite a while. Amongst the host of accolades earned by the film were two David di Donatello awards (for Scola and Loren), a César award in France, a Golden Globe for Best Foreign Language Film, and a Nastro d'Argento (once again, for best female protagonist), Europe's oldest, most important cinematographic recognition, in global terms second only to the Oscar. The film didn't come away with anything at Cannes, but the jury – headed by Roberto Rossellini – was fiercely criticized by the international press. Paris was in raptures over* Una giornata particolare. *Sophia and Mastroianni were adored in France, much more so than in their native Italy at the time, and the French wrote "Quel plus beau couple de cinema?" ("Is there a better onscreen couple?"). This time, however, Italian critics had to swallow their words and doff their hats to Sophia's talent. The film is practically perfect, but hers was the real magic touch behind its success.*

In posa come modella
1963

Modeling shot
1963

all'interno di una pagina di Storia, proprio quella con la maiuscola: il 6 maggio del 1938 il fascismo è al top del suo consenso, Roma accoglie trionfalmente il Führer, una folla enorme è già accalcata intorno ai Fori Imperiali, la radio scandisce con enfasi martellante l'eccezionalità dell'evento. In un caseggiato di viale XXI Aprile (il più grande edificio popolare costruito in quegli anni, e il film inizia proprio con un lunghissimo piano sequenza che lo descrive in dettaglio) due coinquilini, praticamente gli unici che si sono sottratti alla volgarità del delirio collettivo, si conoscono casualmente. Lui è un annunciatore radiofonico fresco di licenziamento: "disfattista, inutile e con tendenze depravate", l'hanno definito stando bene attenti a non nominare la sua omosessualità anche se è per questa che ora stanno per mandarlo al confino ed è per questo che la prima inquadratura ce lo mostra alla scrivania, in mano una penna e accanto una pistola. Lei è una casalinga modello, madre prolifica e moglie devota, rimasta a casa perché è questo che una donna deve fare, occuparsi delle faccende domestiche, e l'unica distrazione è raccogliere in un album foto e frasi di Mussolini. Davvero non hanno nulla in comune, i due, se non un senso di solitudine e di disperazione che lui, Gabriele, tiene a bada col coraggio e la fermezza delle proprie convinzioni mentre lei, Antonietta, s'accorge di avere dentro solo ora che si ferma a riflettere su sé e sulla sua vita.

The plot weaves together the lives of two very different people within the context of an important period of Italian history: it's May 6th, 1938, and the fascist wave is sweeping the country. Rome triumphantly welcomes the Führer. A massive throng has gathered around the Imperial Fora, and radio broadcasts emphatically hammer home the exceptionality of the event. The film begins with a long opening shot of an apartment block on viale XXI Aprile (the biggest civilian construction in that period) and describes it in painstaking detail. Here, two residents – practically the only ones who've forgone the vulgarity of the mass hysteria taking place a short distance away – meet each other by chance. He's a newly unemployed radio announcer, sacked for being "defeatist, useless, with depraved tendencies". The official description steers clear of using the term 'homosexual', even though this is reason he is soon to be deported to Sardinia, and the reason that we first see him sitting at his desk, a pen in hand and a handgun nearby. She, on the other hand, is the model housewife, a prolific mother, and devoted wife. She has stayed at home during the rally to take care of the housework because, well, that's what women should do. Her only distraction from her duties is a photo album in which she collects pictures of Mussolini together with his quotes. The only thing these two people have in common is their loneliness, along with that feeling of desperation that Gabriele fends off with courage and conviction, and which Antonietta – after reflecting on her life – only now realizes

Con lo stilista Emilio Federico Schubert
1955

With the designer Emilio Federico Schubert
1955

Il film procede per contrasti e per assonanze, interamente al servizio delle interpretazioni dei due protagonisti. Che nelle poche ore di questa giornata particolare - basta che cali la sera perché ciascuno ritorni al suo destino - si staccano dal grigiore delle loro esistenze (geniale la fotografia di Pasqualino De Santis, coi colori tutti calati di tono, spenti e sbiaditi) e si illuminano di una luce nuova: Gabriele ha voglia di parlare, di confidarsi, di ballare la rumba; Antonietta ha voglia di vivere e di amare, di sentire il cuore che palpita e la mente che si apre al sapere. Per questo è lei a dare il tocco in più al film di Scola: un omosessuale non può che essere un emarginato, per il fascismo, e Mastroianni ne fa un'interpretazione nobile, asciutta e virile, ma è Sophia che s'ingegna a scavare dentro le pieghe dell'anima della sua casalinga da manuale per tirarne fuori tutta l'inconsapevole insoddisfazione. Entrambi sono completamente fuori dai loro schemi, o meglio fuori dagli stereotipi in cui li hanno confinati: il latin lover è un credibilissimo gay, la diva infierisce su se stessa esibendo capelli grigi, occhiaie, abitucci di cotonina e fianchi pesanti. Due miti rovesciati, e ne valeva la pena.

Un po' senza storia, invece, i film immediatamente successivi. Diretta da Lina Wertmuller e di nuovo accanto a Mastroianni, Sophia torna a vestire i panni della popolana napoletana, originaria, guarda un po', di Pozzuoli ma trapiantata in Sicilia dov'è ambientato *Fatto di sangue fra due uomini per causa di una vedova, si sospettano moventi politici*. Lei è la vedova del titolo e anche la responsabile dei fatti

is a part of her, too.

The film's contrasts and assonance work entirely for the benefit of the protagonists' performances. Once the sun goes down, both their lives will resume their destined courses, but in those few hours of that special day, they manage to escape their humdrum existence (Pasqualino De Santis' photography is a work of genius, with its dull, faded shades and colours) and they are illuminated with colour and vitality: Gabriele wants to talk again, to reveal his innermost feelings, and to dance the rumba; Antonietta rediscovers her will to live and love; she wants to feel her heart beating, and to open her mind to new things. This is why her contribution to Scola's film was the crucial factor: during fascist times, a homosexual could only be an alienated figure, and Mastroianni puts in a noble, dry, virile performance. But Sophia searches deep within that perfect housewife's soul to bring out all that subconscious frustration and dissatisfaction. Both actors were playing roles unlike anything they had done before – a departure from the labels they'd been tagged with: the 'Latin lover' became a highly credible homosexual, and Sophia goes against diva-culture, sporting shabby clothing, greying hair, shadows under her eyes, and large hips. Two legends had turned themselves upside down, and the results speak for themselves.

Loren's next films, on the other hand, weren't nearly as successful. In Lina Wertmuller's Fatto di sangue fra due uomini per causa di una vedova – si sospetta-

di sangue, altro che moventi politici: uscito di scena il marito, restano a contendersela il fascista che gliel'ha ammazzato, un contrabbandiere assassino e prepotente, un avvocato generoso e idealista. Diversi che più non si può, gli ultimi due, ma lei li ama entrambi e quando entrambi muoiono gli giura amore eterno in nome del figlio che aspetta, e di chi dei due sia non si saprà. Si sa invece che la sanguigna Titina riesce ad uccidere l'odioso signorotto: fra amori e gelosie, dramma e sentimento, lotte agrarie e Mussolini astro nascente, il film ha troppe anime per averne una che lo definisca ma la Loren come sempre ne esce alla grande tirando fuori un'anima selvaggia e quasi ferina che da tempo non aveva avuto occasione di mostrare.

Poco convincente anche *Obiettivo Brass* che pure schiera un cast di prim'ordine con John Cassavetes, Max von Sydow e Lee Montague fra i protagonisti maschili. Infatti è un film cucito intorno agli uomini, con echi della II guerra mondiale, intrighi spionistici, operazioni in codice e un pizzico di Lucky Luciano. Protagonismo femminile in chiave pressoché decorativa anche in *Bocca da fuoco*, un action thriller dove James Coburn, Eli Wallach e Victor Mature filano a tutto gas tra corse d'auto, sparatorie e case farmaceutiche senza scrupoli: alla Loren non resta che arricchire l'insieme con la sua presenza e lei alza la posta sfoderando un'inedita carica sexy.

no moventi politici *(Blood Feud)*, Sophia – *once again alongside Mastroianni* – plays a role already familiar to her: a Neapolitan commoner from (no surprises, here) Pozzuoli, this time based in Sicily, where the film is set. She is the eponymous widow responsible for the bloodshed. As for the title's political motives, once her husband has been killed, three figures appear to fight it out over her: her husband's fascist killer, a bullying smuggler and assassin, and a generous, idealist lawyer. The latter two are polar opposites, but she loves each of them equally. When they die, she swears her eternal love for each of them in the name of the unborn child she's pregnant with, not knowing which of the two is the father. In the end, the sanguine Titina manages to kill the hateful mobster. With its glances at love and jealousy, drama and sentiment, agrarian struggles and the rise of Mussolini, the film focuses on too many themes at once to have one that properly defines it. Loren, however, once again comes out on top, pulling out her claws to display a wild, feral side to her that she hadn't had the chance to exhibit in quite a while.

In spite of its top-notch male cast including John Cassavetes, Max von Sydow, and Lee Montague, Brass Target *is another film that wasn't quite up to standard. The film is a largely male affair, centred around the Second World War, with hints of espionage, codenamed operations, and a dash of mobster politics.* Firepower *is another film in which the female presence is largely decorative. It's an action-thriller in which James*

Con il figlio Carlo jr
all'aeroporto di Roma
Fiumicino
1981

*With her son Carlo jr
at the Rome-Fiumicino airport
1981*

A testa alta

Un sobrio verde scuro, appena rischiarato da un tocco di rosso e oro, poi un altrettanto misurato beige ma con accessori rossi e foulard fantasia. Giornali e televisioni raccontano in dettaglio le mise di Sophia che entra nel carcere femminile di Caserta e, dopo diciassette giorni di reclusione, ne esce alle prime luci dell'alba. È il 1982 ma la vicenda è cominciata una decina di anni prima: l'inchiesta della Tributaria, le perquisizioni in casa, la denuncia per evasione fiscale, per esportazione di valuta, per irregolarità nella gestione delle coproduzioni cinematografiche, per traffico di opere d'arte. La coppia Ponti-Loren è nel mirino del fisco, i media del gossip ci sguazzano, il pubblico segue con pruriginosa curiosità: alla fine scattano la confisca di una preziosa collezione di quadri e la condanna a quattro mesi di carcere per l'attrice. Che a questo punto deve scegliere fra il restarsene all'estero, esiliata di lusso ma comunque lontana dalla sua terra e dalle radici familiari, o andare dritta in prigione. A pena ridotta, grazie a ricorsi, nuove sentenze e responsabilità accertate a carico del commercialista della coppia, ma sempre di una cella si tratta: Sophia ci pensa un po' su e poi ci si consegna. A testa alta. E il piccolo carcere campano, venticinque detenute in un palazzetto nel cuore del centro storico, diventa per diciassette giorni un bivacco di giornalisti di mezzo mondo: quotidiani e agenzie

Coburn, Eli Wallack, and Victor Mature zip around in high-speed car chases, shootouts, and a plot involving an evil pharmaceutical company: Loren's presence only enriches the end product, and she raises the stakes with a new, highly sensual drive.

With Her Head Held High

A sober, green ensemble, enlivened with just a touch of red and gold. Afterwards, it was a similarly restrained beige outfit, with red accessories and a patterned headscarf. This was how the media described Sophia's clothing when she arrived at the Caserta female prison, and when she left it at dawn's first light after seventeen days of confinement. The year was 1982, but the process leading to her imprisonment had actually begun ten years earlier, with the tax office investigation. The family home had been searched, they'd been accused of tax evasion, export of capital, irregularities in the management of film co-productions, and the trafficking of works of art. Ponti and Loren were in the sights of the revenue authorities. The sensationalist press rags rubbed their hands together with glee, and the public itched for all the latest details: the end result was that a collection of fine paintings was confiscated, and the actress was sentenced to four months in prison. At this point, Loren had two choices: she could either live abroad as a living legend in exile, but far from her home and her roots,

raccontano ogni particolare delle giornate, i cinque minuti di applauso che l'hanno accolta all'ingresso della struttura giudiziaria, la cella singola, i pasti in solitudine, le visite della sorella Maria che si è trasferita in un albergo della città, un'apparizione di Marcello Mastroianni.

I fotoreporter, poi, neppure dormono: uno scatto rubato vale un tesoro, quello della riguadagnata libertà farà il giro del pianeta. Sophia esce accompagnata da due sorveglianti che le portano le valigie, il viso coperto dagli occhialoni scuri che aveva anche quand'era sbarcata dal volo proveniente da Ginevra: sorride cortese e si infila veloce nella macchina che l'aspetta. Ha pagato anche questo prezzo in cambio di una vita da copertina, perennemente sovraesposta, analizzata come sotto la lente di un microscopio: la sua difesa è stata, e ancora è, quella sottile pellicola, quel film, e non è un gioco di parole, che ha sempre messo fra sé e il resto del mondo, fra gli inevitabili doveri di personaggio pubblico e il suo innato bisogno di riservatezza.

Carlo Ponti, se possibile, se l'è passata anche peggio: una decina di procedimenti giudiziari, le condanne, i ricorsi, la Cassazione. E le assoluzioni finali. Ma intanto i rapporti col suo Paese si sono incrinati, l'attività professionale è all'estero e anche la residenza lo rimarrà. Senza polemiche e senza veleni. Dell'Italia Ponti dice solo che la vorrebbe governata da quelli come lui, italiani che vivono

or she could go straight to jail. Thanks to appeals, new sentences, and shifting a certain amount of responsibility on to the couple's accountant, the jail term had been reduced. But it was still a jail: Sophia thought about it, and handed herself in. With her head held high. It was the small town jail, with twenty-five inmates housed in the very heart of the town centre, and for seventeen days it became a campsite for journalists from across the world. Newspapers and agencies chronicled every tiny detail of those days: the five minutes of applause that met her arrival, the single cell, her meals in solitary, the frequent visits from her sister, Maria, who'd temporarily relocated to one of the town's hotels, and Marcello Mastroianni's appearance.

The paparazzi didn't even sleep: one stolen shot might be worth a fortune; the picture of her new-found freedom that would be seen around the world. Sophia came out accompanied by escorts who carry her luggage. Her face was largely covered up by the dark sunglasses she'd worn when getting off the plane from Geneva. She smiled politely and quickly entered the waiting car. This was the price to pay for a life on the front cover of a magazine, eternally overexposed; the price for living life under a lens. Her own form of defence had always been – and still is to this day – that protective film she'd woven to shield herself from the rest of the world. The one she kept between the inevitable duties of public life and her innate need for privacy.

all'estero, "perché sono quelli che la amano immensamente". Lo dice ai microfoni di Rai International, in una delle rarissime interviste, concessa in occasione dei suoi novant'anni e riproposta alla morte del produttore, nel gennaio 2007. Di Napoli e della sua gente tesse invece un elogio convinto: "I napoletani sono l'unico popolo che sta in Italia ma non è italiano: è napoletano".

If such a thing was possible, Carlo Ponti had it even worse: ten or so judicial proceedings against him, sentencing, appeals, sessions at the Supreme Court. And, in the end, his acquittal. But his relationship with his home country had been damaged to the extent that he would go on to live and work in exile for the rest of his days. With no hard feelings. The only comment Ponti would go on to make about Italy was that he wished it could be run by people like him: by Italians living abroad, "because they are the ones who love the country most of all". These were his words, spoken during one of his rare interviews with RAI International on the occasion of his 90th birthday; an interview that was shown again after the producer's death, in January, 2007. For Naples and its people on the other hand, he was very clear in his words of praise: "Neapolitans are the only people who live in Italy, but aren't Italian: they're Neapolitans".

DIVA FOREVER

Devi imparare a dire di no:
il tempo passa ed è prezioso.

(C. Chaplin a Sophia sul set de
La contessa di Hong Kong)

Non è per il cinema, che Sophia ha deciso di affrontare il carcere. La sua carriera non ha bisogno dell'Italia: è lei che non sa starne lontana. Così come non sa stare lontana dal set. Anche se la cinematografia anni '80 non ha copioni per una diva della sua statura: il decennio si apre sotto il segno dei film d'autore (la nuova leva di registi ha i nomi di Woody Allen, Pedro Almodovar, Rainer Fassbinder, Peter Weir, Nanni Moretti, Giuseppe Tornatore) e di un nuovo esotismo che sposta l'orizzonte della macchina da presa (*La mia Africa*, *Gandhi*, *Passaggio in India*, *L'ultimo imperatore*). Senza dimenticare di strizzare l'occhio ai teenagers (*Il tempo delle mele*, *Laguna blu*, *Saranno famosi*), al machismo (*Rambo*, il filone dei *Rocky*), all'introspezione psicologica, anche in variante paranormale (*Gente comune*, *Shining*, *Stati di allucinazione*), agli

Diva Forever

You have to learn to say "no":
Time is precious, and it waits for no-one

(C. Chaplin to Sophia, on the set of
A Countess from Hong Kong)

Cinema wasn't the reason behind Sophia's decision to face time in jail. Her career didn't need Italy to thrive. Quite simply she couldn't stay away from her country. In the same way she couldn't stay away from a film set. The problem was that during the 1980's there were no scripts to be had worthy of a diva like her. The decade was initially marked by a slew of films from master directors (the new generation counted Woody Allen, Pedro Almodovar, Rainer Fassbinder, Peter Weir, Nanni Moretti, and Giuseppe Tornatore among its numbers) and an exotic inclination that pushed film production beyond the usual horizons (Out of Africa, Gandhi, A Passage to India, The Last Emperor). Other '80s trends included those films that paid homage to the teenage years (The Blue Lagoon, Fame), machismo (Rambo and the Rocky saga), psychological introspection – including the paranormal variety (Ordinary People, The Shining, Altered States), and films with ever more spectacular

In motoscafo
1961

Relaxing on a boat
1961

effetti speciali che si fanno sempre più speciali (*L'impero dei sensi, Ritorno al futuro,* la saga di *Indiana Jones*).

L'età non c'entra. Certo, le attrici che adesso i produttori si contendono sono tutte più giovani - forty women come Meryl Streep, Diane Keaton, Jessica Lange, Susan Sarandon - eppure è in questa stagione che Katherine Hepburn, classe 1907, vince il suo quarto Oscar e Shirley MacLaine il primo, a cinquant'anni, per *Voglia di tenerezza*. Per non parlare di Jessica Tandy, che la sua unica statuetta la conquista con un film dell'89, *A spasso con Daisy*, magnifico regalo di compleanno per lei che ha appena spento ottanta candeline. È che ha volato troppo alto, la Loren. Ha raggiunto e superato troppi traguardi. È diventata un monumento del cinema, più grande di qualsiasi pellicola possa girare da adesso in poi. Anche perché quel cinema che l'ha resa monumento non esiste più, non c'è più quel modo incantato di guardarlo e di rimanerne abbagliati. Gli anni dei successi veri sono lontani, per Sophia non ci sarà un altro De Sica, capace quanto lui di espanderne le capacità interpretative, nè si presenterà un'altra grande occasione come *Una giornata particolare*. Ma lei è una combattente nata, non è la prima volta che la sua stella sembra tramontata e ha dovuto farla splendere di nuovo, persino più luminosa. È così che ha avuto tutto quello che ha voluto, restando sempre sul campo. E la regola fonda direttamente sulla

special effects (Ai no Corrida, Back to the Future, and the Indiana Jones *saga*).

Age had nothing to do with it. Of course there were younger actresses now in vogue – women such as Meryl Streep, Diane Keaton, Jessica Lange, and Susan Sarandon – but this was also the season which saw Katherine Hepburn's fourth Oscar win at seventy-five years of age, and Shirley MacLaine's first for her role in Terms of Endearment, *at the age of 50. Not to mention Jessica Tandy, who at 80, won her only Oscar in 1989 for her performance in* Driving Miss Daisy. *Loren's problem was that she'd flown too high, and done too much. She'd become a cinema legend; something bigger than any of the films she'd go on to star in. The type of cinema that had made her a star didn't really exist anymore. People weren't passionate about the cinema in the way they once were. The truly great successes were a thing of the past: there wouldn't be another De Sica for Sophia; someone who could bring out the very best in her. And she wouldn't get another chance at a landmark role such as that in* Una giornata particolare. *But she was born to fight, and this wasn't the first time it had seemed her star was on the wane, only for her to come back brighter than ever before. She owes everything she has to her will to keep on battling. And that, is the fundamental rule – the very essence – of cinema; an image that lasts in time is an image that will always be remembered.*

Con il regista
Jean Negulesco
1956

*With the director
Jean Negulesco
1956*

persistenza delle immagini sulla retina: il principio stesso del cinema, la sua essenza.

E dunque ben venga la televisione, se è questo che i tempi richiedono. Il battesimo sul piccolo schermo Sophia l'ha già avuto intorno all'80, negli States, con due puntate tratte dall'autobiografia scritta a quattro mani con Aaron E. Hotchner: nel TV-movie, *Living and Loving, Her Own Story*, l'attrice ripercorre tutte le tappe della sua esistenza, a partire dagli anni duri di Pozzuoli, e interpreta se stessa e la madre Romilda. L'espediente scenico del doppio ruolo diventa una singolare esperienza dell'anima, la possibilità di rivivere i medesimi eventi guardandoli da due angolazioni necessariamente differenti; il resto è il racconto – cinematografico e quindi romanzato, ma fondamentalmente sincero – della favola che l'ha vista protagonista. Per quanto inspiegabile possa sembrare, in Italia non arrivano né il libro né la miniserie, prodotta da NBC e Alex Ponti (lui e Guendalina, avvocato e consigliere di Cinecittà, sono i figli del primo matrimonio di Carlo Ponti) e diretta dal regista-giornalista Mel Stuart, lo stesso che nel '68 aveva filmato un'intervista a Sophia nella sua villa ai Castelli Romani: almeno quel documentario, *A Self-Portrait*, in Italia ci arriverà, ma soltanto dopo trentacinque anni, al Torino Film Festival del 2003, e molti giovani spettatori scopriranno con una buona dose di sorpresa la grazia e l'accattivante semplicità di una ragazza

If television appearances were what was needed, then so be it. Sophia had already made her small screen United States debut in the 80's. She co-wrote her autobiography with Aaron E. Hotchner, and the result was a two-part TV-movie: Living and Loving, Her Own Story *is a reconstruction of Sophia's life, beginning with the hard years in Pozzuoli. She played both herself, and her mother, Romilda. Loren's double role gave her a unique insight into those times, observing the same events from two necessarily different points of view. The whole thing is cinematographic – and therefore romanticized – but it's sincere at heart, and essentially it tells of her fairytale rise to stardom. It was produced by NBC and Alex Ponti (he and Guendalina, lawyer and consultant respectively for Cinecittà, were Carlo Ponti's children from his first marriage), and directed by Mel Stuart. As strange as it may seem, neither the book nor the miniseries made it to Italy, but Stuart's* A Self-Portrait, *an interview/documentary with Sophia in her villa at Castelli Romani was shown in Italy, albeit thirty-five years later at the 2003 Turin Film Festival. Many young viewers were pleasantly surprised by the graceful, enchanting simplicity of a girl who'd already become a major international star many years earlier. In 1969, the year after the interview was made, the United States foreign press union proclaimed her the world's most popular star.*

Turin made Sophia see the magnificence of her past residence in a new light. She was perplexed by it, feeling

Alla Quadriennale di Venezia
1955

*At the Quadriennale di Venezia
exhibition
1955*

che già tanti anni prima era al top della fama internazionale. Al punto che nel '69, l'anno dopo la realizzazione di quel filmato, l'unione della stampa straniera degli Stati Uniti l'aveva proclamata la star più popolare del mondo.

Grazie al ripescaggio di Torino la stessa Sophia guarderà con occhi forse perplessi, sicuramente distanti, lo sfarzo della residenza di allora (un trionfo di ori, argenti, moquettes, statue di Henry Moore e ritratti di Francis Bacon) che lei e Ponti avevano arredato pezzo su pezzo ed erano poi arrivati a disamare da che Carlo era stato oggetto di un tentativo di rapimento sventato da security e body guard. Il trasferimento a Parigi era stato immediato ma l'esperienza, traumatica nella vita di chiunque, per la Loren aveva assunto le proporzioni di un terremoto devastante: fra il tentato rapimento e il furto in un albergo newyorkese dov'era con lei anche il figlio, Sophia s'era sentita assediata e fragile, aveva visto in pericolo la famiglia, la sua fonte di equilibrio e la sua garanzia di solidità, aveva accusato il peso di quei privilegi che sapeva d'essersi conquistata a duro prezzo e che pure le si ritorcevano contro rendendola esposta agli appetiti criminali e poco amata dal suo pubblico. Ma arrivati agli '80 questa è storia di tanto tempo fa, e se il passato non si dimentica – per Sophia è una regola di vita – sono il presente e l'aspettativa del futuro che s'incaricano di collocarlo nella giusta dimensione.

herself to be different; distant from the person that was. The villa had been a fanfare of gold, silver, lush carpets, Henry Moore statues and paintings by Francis Bacon, put together piece by piece by her and Ponti. An attempt to abduct the latter was thwarted by his security team and bodyguards, but the event led to the couple's falling out of love with their home. They moved immediately to Paris, but the experience was understandably traumatic; it would become even more so for Sophia: as well as the failed abduction, burglars entered her New York hotel room while she was there with her son. She felt fragile; under siege. Her family – her source of balance and solidity – had been exposed to danger. She began to feel the weight of her hard-won success; the same success which was now turning against her, exposing her to criminal greed and souring her relationship with the public. By the time the '80s rolled around, these events were long in the past. But even though Sophia was never one to forget the days gone by, she had always placed more importance on the present and future.

In 1984, she played a former waitress and taxi driver living in Sorrento, in Qualcosa di biondo *(Aurora), once again produced by Alex Ponti. Her youngest son, Edoardo, also played her onscreen son, Ciro, blind since the age of two, a role for which he would pick up a Young Artists Award. Ciro requires an expensive operation in Switzerland, and, without losing heart, his mother travels the length and breadth of Italy on the trail of*

1960

1960

Nell'84, di nuovo prodotta da Alex Ponti, eccola ex-cameriera e tassinara a Sorrento in *Qualcosa di biondo*, col secondogenito Edoardo (che per questo film sarà insignito di un Young Artists Award) nel ruolo del figlio Ciro, cieco dall'età di due anni: al ragazzino serve un costoso intervento in Svizzera, la madre non si perde d'animo e gira l'Italia sulle tracce del possibile padre, da individuare fra tre amori finiti, e soprattutto dei soldi che non ha. E che, c'era da dubitarne?, riuscirà a mettere insieme restituendo al figlio la vista, un papà che faccia di loro una famiglia e la visione della tenera e bellissima madre che il piccolo ricordava solo come un'ombra, qualcosa di biondo appunto. Il film muove da un soggetto di Sergio Citti, sceneggiatore del Pasolini di *Accattone* e *Mamma Roma*, e vede, accanto al regista Maurizio Ponzi, i due giovani aiuto Ferzan Ozpetek e Ricky Tognazzi che è il figlio di Ugo, uno dei re della commedia all'italiana.

Con la tassinara Aurora, Sophia inizia a comporre un suo personale mosaico di madri da piccolo schermo: in *Madre Coraggio*, prodotto dalla statunitense CBS e interpretato anche da Hector Elizondo, è Marianna, un'italoamericana disposta a tutto pur di salvare il figlio dalla droga; in *Mamma Lucia* (tratto da un romanzo di Mario Puzo, quello del *Padrino*) è accanto a John Turturro nel ruolo di una vedova italiana con cinque figli da tirare su

Ciro's father, whoever that may be. Her hunt for this person – and the money she needs – takes her to see three old flames. Funnily enough there's a happy ending for all. She manages to give her son his sight back, as well as a father figure and a rock-solid family. Ciro can once again see his sweet, angelic mother: the shadow he remembers before the loss of his sight: something blonde, as the film title suggests. Sergio Citti wrote the story, and the screenplay was by Pasolini, the screenwriter behind Accattone *and* Mamma Roma. *Maurizio Ponzi directed, aided by the up-and-coming youngsters, Ferzan Ozpetek and Ricky Tognazzi – son of Ugo Tognazzi, one of the kings of Italian-style comedy.*

The cab-driving Aurora was the first character in Sophia's collage of small-screen mothers. Courage, produced by CBS, saw Loren star alongside Hector Elizondo. Here, she plays Marianna, an Italian-American woman willing to do anything to save her son from his drug addiction. In Mamma Lucia *(The Fortunate Pilgrim - adapted from a novel by the writer of* The Godfather, *Mario Puzo), Sophia performed with John Turturro, playing an Italian widow trying to raise her five children in the hostile, uneasy environment of 1930's Little Italy. A much more significant role as a mother would come in 1989: after thirty years, she breathed new life into Cesira, the protagonist of* La Ciociara. *Dino Risi directed the TV-movie, and both the story and script faithfully follow De Sica's creation, although*

Matrimonio all'italiana
1964

Marriage Italian-Style
1964

nell'ambiente ostile e diffidente della Little Italy anni '30. La madre che interpreta nell'89 ha invece un significato tutto particolare per la Loren che trent'anni dopo torna a dare corpo e sentimenti al dramma di Cesira, la protagonista de *La ciociara*: il tv-movie è diretto da Dino Risi, soggetto e copione rispecchiano fedelmente il film di De Sica (per ricreare l'ambientazione del dopoguerra italiano, però, gli esterni devono essere girati nei dintorni di Dubrovnik, oggi in Croazia). Sophia come al solito ce la mette tutta. Ma il raffronto col precedente è inevitabile, e lo stesso regista sembra il primo a sentirne il peso e la sproporzione. Insomma il bis non funziona ma la Loren guarda ancora una volta avanti, come puntando ad un futuro del quale lei soltanto conosce i contenuti, e da ora inaugura un filone di replay e autocitazioni che è un altro dei record tutti suoi. Prima però veste i panni di Rosa Priore, la protagonista di *Sabato domenica e lunedì*, famosissima commedia di Eduardo De Filippo che nella miniserie televisiva (prodotta da Berlusconi Communications e ReteItalia) non è ambientata nella Napoli del dopoguerra ma nella Pozzuoli anni '30, in piena dittatura fascista.

Diretta da Lina Wertmuller e col figlio del drammaturgo, Luca, nel ruolo del marito geloso che sconvolge il pranzo domenicale dando voce ai tarli che lo rodono, Sophia è la perfetta madre-moglie napoletana che nel rito del ragù, il piatto del giorno di festa che s'inizia a preparare dal sabato, ri-

the Italian post-war setting had to be recreated in the area around Dubrovnik, today part of Croatia. As per usual, Sophia gives it her all. However, comparisons with the original version were inevitable, and the director was the first to feel the project's weight and distorted sense of proportion. It never really got off the ground, but Sophia was already looking to the future in a way that suggested she could see further than most. From here on in she would embark on a run of self-referencing roles and typical repeat performances. Before all that, however, she was to play Rosa Priore, the protagonist of Sabato, domenica e lunedì, *the mini-series version of Eduardo De Filippo's famous play, produced by Berlusconi Communications and ReteItalia. This latest version was set in 1930's Pozzuoli, during the fascist era, rather than the original's post-war setting in Naples.*

It's directed by Lina Wertmuller, and the playwright's son, Luca, takes on the role of the jealous husband, who disrupts the Sunday lunch to violently voice his discontent. Sophia is perfect as the Neapolitan wife and mother, and she displays her utmost dedication to the family and tradition as she carries out her ragù ritual: the traditional Sunday dish whose preparation begins on Saturday. Coming after the joking around and games on Saturday, and after narrowly avoiding family tragedy on Sunday, life goes back to normal on Monday. The story is world-renowned. Laurence Olivier and Joan Plowright successfully took it to London's Old Vic, but at heart it's a typically Neapolitan affair: it's

Con Clarke Gable sul set de
La baia di Napoli
1960

With Clarke Gable on the set of
It Started in Naples
1960

versa la sua assoluta dedizione alla famiglia e alle tradizioni. Infatti il lunedì, appena un giorno dopo aver sfiorato la tragedia e dopo le risate e le battute briose del sabato, tutto ritorna alla normalità. Il testo è famoso in tutto il mondo, Laurence Olivier e Joan Plowright l'hanno portato all'Old Vic di Londra con grande successo, ma resta una cosa tipicamente napoletana: per tutti gli altri è intraducibile e forse incomprensibile, non tanto nei dialoghi e nelle espressioni quanto nel modo di litigare, e di far pace. Nel modo di sentirsi famiglia.

Nel film (in realtà girato a Trani, in Puglia) Sophia rivive i luoghi dov'è stata bambina e i ricordi che hanno plasmato la sua infanzia. A cominciare dalla cucina, che per chi è nato all'ombra del Vesuvio è elemento fondante della cultura della famiglia, espressione immediata di accudimento e attenzione: non a caso l'attrice dedicherà due libri ai sapori e ai profumi culinari della sua terra (*Recipes & Memories* e *Eat with Me*), e in entrambi ogni ricetta fa da spunto per ricordare i piatti preferiti e le abitudini gastronomiche dei tanti compagni di lavoro della sua lunga carriera. Consigli, ma d'altro genere, anche in *Women & Beauty*, segreti di bellezza e idee di seduzione rivelati dalla Loren e raccolti in un volume uscito negli States nell'84.

Le modeste occasioni offerte a Sophia dal piccolo schermo nulla possono aggiungere, ma neppure sottrarre, alla sua fama di diva internazionale. Per

untranslatable – even incomprehensible, perhaps – for anyone else. Not so much because of the dialogue, or the expressions; it's more to do with the way the characters fight and argue, and how they make peace afterwards. It's about how they feel part of a family.

The film was actually filmed in Trani, Puglia, but Sophia goes on to relive her past, revisiting the places and memories that shaped her childhood. The first stop – as anyone born in the shadow of Mt. Vesuvius can tell you – is the family kitchen, a place of care and attention, and a crucial part of family life: it's no coincidence that the actress dedicated two books to the culinary delights of her homeland (Recipes & Memories and Eat With Me). Each book features recipes and anecdotes about the favourite dishes and culinary habits of many of the stars she spent time with in her lengthy career. 1984 saw the US release of her book Women & Beauty, *in which she imparts advice of another kind: beauty tips and secrets, as well as seduction strategies.*

All her modest small-screen roles didn't really add anything – or take away from, for that matter – to her status as an international diva. The Academy Awards considered her to be "one of the genuine treasures of world cinema who, in a career rich with memorable performances, has added permanent lustre to our art form". These words were spoken by Gregory Peck, just before handing Sophia her Oscar for Lifetime Achievement. This was the Big Night of '91; Sophia stood on the Dorothy

Al festival di Cannes
1962

At Cannes festiva'
1962

l'Academy Award lei è "uno dei tesori più autentici del cinema mondiale, che nel corso delle sue memorabili interpretazioni ha portato grande lustro a questa forma d'arte": a leggere queste parole è Gregory Peck che subito dopo consegna alla Loren l'Oscar alla carriera. È la Big Night del '91, e dal palco del Dorothy Chandler Pavillion l'attrice ringrazia del riconoscimento - nell'ordine - l'America, Carlo Ponti e i suoi figli.

La consacrazione è assoluta, accompagnata nello stesso anno da un César in Francia e da un premio alla carriera all'International Film Festival di Chicago. E non solo: nel giro di qualche mese o qualche anno arriveranno la prestigiosa Legion d'Onore francese (intestata a Madame Sophia Scicolone dit Loren, commendatore delle arti e delle lettere), l'Orso d'oro a Berlino, il Cecil B. De Mille Award, il Leone d'oro a Venezia, il David di Donatello, il Globo d'Oro, il BAFTA inglese. Tutti omaggi alla carriera, e a sommarli ai premi ottenuti per i film o per la popolarità davvero non ce n'è uno che manchi al suo palmarés. Compreso il titolo di Gran Maresciallo della Columbus Citizen Foundation, quella che organizza la parata del Columbus Day a New York: la sfilata dei cinquecento anni, il 12 ottobre del '92, vede Sophia alla testa del corteo tra la banda che suona canzoni napoletane e la folla che grida entusiasta il suo nome per richiamarne l'attenzione. Buon ultimo, nel '97, per la Loren e per Carlo Ponti arriva anche il titolo di Cavaliere

Chandler Pavilion stage, and thanked America, Carlo Ponti, and her sons, in that order.
Her coronation was complete, and the same year it was followed by a César award in France, as well as a career prize at the Chicago International Film Festival. It didn't end there: in the months and years to come she would be awarded the prestigious French Légion d'honneur (the inscription dedicated to Madame Sophia Scicolone dit Loren, ambassador of Arts and Letters), a Golden Bear at Berlin, the Cecil B. De Mille award, a Leone d'oro at Venice, a David di Donatello and a Globo d'oro, as well as the British BAFTA. These were all prizes in recognition of her career, and what with all those awards for various films or popularity, she really has won everything there is to win; including the title of Grand Marshal of the Columbus Citizens Foundation, the organization behind the New York Columbus Day parade: on 12th October, 1992, the occasion of the 500th anniversary of the discovery of America, Sophia led the march. The band played traditional Neapolitan music and members of the crowd deliriously called her name, hoping to catch her attention. In 1997, Loren and Carlo Ponti were awarded the title of Cavaliere di Gran Croce, the highest Italian order of merit.
There would be other prizes from all over the world waiting for her, but now she had her own star in Hollywood's Walk of Fame, where the sidewalk glitters with the names of showbiz legends; from here on in Sophia became part of a prestigious club of award-givers: she

di Gran Croce al merito della Repubblica, il più alto degli ordini dello Stato italiano.

Ce ne saranno altri ancora, di premi, in ogni parte del mondo, ma da ora in poi – da che la sua stella è incastonata nel Walk of Fame, la strada hollywoodiana dal cui marciapiede scintillano i nomi delle celebrità che hanno fatto grande il cinema e lo spettacolo – Sophia entra nell'empireo dei premiatori di prestigio: è lei a consegnare l'Oscar alla carriera a Federico Fellini, lei a proclamare "Roberto!" quando Benigni si vede attribuita la statuetta per *La vita è bella* e va a ritirarla camminando sulle spalliere delle poltrone, fra le star che piangono dal ridere e Steven Spielberg che l'aiuta a completare il suo numero da equilibrista. E nel 2009 sarà sempre Sophia a presentarsi, a sorpresa, al Pavillion – unica presenza italiana in un'edizione senza italiani in gara – e a premiare, acclamatissima e tutta vestita d'oro, la Kate Winslet di *The Reader*.

Ma non c'è luce che non produca ombre. E anche Sophia si porta dentro la sua lista di progetti non realizzati. Come l'Anna Karenina che avrebbe dovuto girare a Leningrado negli anni '70, prodotta dalla televisione sovietica, o *In viaggio con Anita*, che l'avrebbe vista protagonista assieme a Gregory Peck nel film in cui Fellini avrebbe voluto rievocare la sua corsa in auto per raggiungere il capezzale del padre morente. E ancora il remake della *Rosa tatuata*, la messa in scena del soggetto scritto per lei da

presented Federico Fellini with his Lifetime Achievement Oscar, and on the Big Night of 1998, when she opened the envelope and exclaimed "Roberto!", Benigni went to collect his prize for La vita è bella (Life is beautiful) climbing over his fellow stars' seats, amidst gales of laughter, aided in his acrobatics by Steven Spielberg. To everyone's great surprise and applause, Sophia made another appearance at the Pavilion in 2009, dressed in gold. As the only Italian present in an awards ceremony without any Italian contenders, she was part of the group that handed the Oscar to Kate Winslet for her role in The Reader.

However, there can be no light without shadow. Sophia, too, had a number of projects she'd had to shelve. In the '70s she had been tipped to star in a Soviet television production of Anna Karenina; then there was the missed chance of In viaggio con Anita, in which she could have performed alongside Gregory Peck. This was the film with which Fellini wanted to reconstruct the road trip he undertook to be at his dying father's bedside. There had also been the possibility of a remake of The Rose Tattoo, with the part written specifically for her by Gabriel García Márquez, as well as the futile attempt at reunification with Mastroianni and Antonioni in the latter's highly anticipated – but never realized – epic, Destinazione Verna. Some of these projects just winked out of existence before they could become a reality, and some dragged on for years without ever coming

Gabriel Garcia Marquéz, i tentativi di rifare coppia con Mastroianni, Antonioni e il suo mitico testamento cinematografico *Destinazione Verna*. Progetti soltanto accarezzati oppure trascinatisi per anni senza mai andare in porto. Gli unici tasselli mancanti all'enorme mosaico della sua carriera.

La Loren nel ruolo della Loren

Luci e ombre, presenze e assenze. Agli inizi degli anni '90 Sophia ha le braccia cariche di premi ma è in quelle stesse braccia che raccoglie l'ultimo soffio di vita della madre: Romilda muore a 82 anni, la donna più bella di Pozzuoli – sguardo altero, capelli e trucco sempre curati, le lunghe gambe accavallate con aria spavalda – passa definitivamente il testimone a quella figlia che è diventata la donna più bella del pianeta. E che ora piange le sue lacrime lontano dagli obbiettivi dei fotografi e lontano dai set: quattro anni senza recitare, finché arrivano Robert Altman e il suo *Prêt-à-porter*, garbata satira su quel gran Barnum che è il mondo della moda. Per la diva è un'altra occasione da prendere al volo. Poco più di un cameo in un film che ha trentuno personaggi principali e quattordici celebrità, modelle e stilisti, nella parte di se stessi ma a quel cameo il regista di *Nashville* e *Il lungo addio* tiene in modo particolare: li immagina da un sacco di tempo Sophia e Marcello, insieme, per rifare la

to fruition. These are perhaps the only missing pieces in the enormous mosaic that is her career.

Loren plays Loren

Light and shade; presence and absence. In the early '90s, Sophia held numerous awards, but in 1991 she would hold her mother during Romilda's final breath: she died at 82 years of age. With her haughty glances, impeccable hair and make-up, as well as her poses with boldly crossed legs, Romilda had been considered Pozzuoli's most beautiful woman. With her passing she bequeathed the title to her daughter, who had already become the world's most beautiful woman. Now her tears could come in peace: a long way away from the cameras and film sets. Four years would pass before her next film role came along in the form of Robert Altman's Prêt-à-Porter, *a gently satirical piece on the circus-like world of fashion. The diva jumped at the chance. Her role was little more than a cameo appearance in a film with thirty-one main characters and fourteen celebrities, models, and designers playing themselves. But the director of* Nashville *and* The Long Goodbye *held this particular cameo very dear: for years he had imagined Sophia and Marcello, back together again, in a fresh version of Sophia's legendary strip in* Ieri, oggi, domani. *This time she wouldn't need the choreographer from the Crazy Horse gentlemen' club as a personal trainer: at*

mitica scena dello spogliarello di *Ieri oggi domani*. Stavolta la Loren non ha bisogno di farsi arrivare il coreografo del Crazy Horse come personal trainer: a sessant'anni suonati lo strip se lo gestisce da sola, e soprattutto dimostra di poterselo ancora permettere nonostante le giovani star e le giovanissime indossatrici che affollano la pellicola. Sicché tocca a Mastroianni fornire il colpo di scena alla citazione d'autore: Sophia si spoglia con studiata lentezza, le note di *Abat-jour* ricreano la magia, lui prova a rifare l'ululato di trent'anni prima. Ma il suono che gli viene fuori somiglia piuttosto a uno sbadiglio, e il sonno arriva subito dopo. La scena è il clou dell'intero film ed è anche l'ultima volta della coppia più affiatata e bissata del cinema: quattordici volte insieme sullo stesso set, dodici film come protagonisti, il definitivo alt al binomio lo dà la morte di Marcello, nel dicembre del '96.

Con il personaggio di Altman, la glamourous Isabella De La Fontaine, la Loren si guadagna una nomination al Golden Globe e la possibilità di smettere gli abiti dimessi della madre sfortunata per tirare fuori l'altra Sophia, quella che è davvero: elegante, bella, raffinata. Le stesse caratteristiche, ma senza *allure* da jet set, che ha l'italianissima Maria di *That's amore* dove l'attrice torna ad esibire un fisico e un'esuberanza mediterranea che rubano la scena: sembra una ragazzina, accanto a Jack Lemmon e Walter Matthau che continuano ad essere i due irresistibili brontoloni del film precedente

sixty years young, Sophia handles the striptease all by herself, and she more than holds her own in film peppered with beautiful young stars and models. Mastroianni provides the director's killer twist: the strains of Abat-jour recreate the old magic, and as Sophia slowly removes her clothing, he tries to mimic the wolf-like howling heard thirty years earlier. It actually sounds more like a yawn, and indeed, he promptly falls asleep, snoring loudly. The film's key scene represented the last time that cinema's closest, most prolific onscreen couple performed alongside each other: they'd acted together in fourteen films, and in twelve of those they'd been the lead couple. Their double-act came to a definitive end with Marcello's death, in the December of '96.
Loren's role in Prêt-à-Porter as the glamorous Isabella De La Fontaine earned her a Golden Globe nomination, as well as the chance to cast off her humble image of the woe-ridden mother, and bring out her true essence: elegance, beauty, and class. These were the same characteristics – albeit without the jet-set lifestyle – portrayed in her role as the very Italian Maria in Grumpier Old Men. *Here she once again steals the show with her Mediterranean exuberance and physique: she looks so young and vibrant alongside Jack Lemmon and Walter Matthau – reprising their eponymous roles from the first film,* Grumpy Old Men. *Maria wants to open an Italian restaurant of the pizza and spaghetti variety, slap bang in the middle of their own haven of peace and tranquillity, and this will give Max and John a good*

Sul set de La ciociara
1960

On the set of Two women
1960

(*Grumpy Old Men*) ma stavolta hanno in Maria - intenzionata ad aprire un ristorante italiano, genere pizza-spaghetti-profumo di basilico, proprio accanto all'angolino di pace dove loro vivono - un valido motivo per una tregua ai loro perenni bisticci. Il film è simpatico e fluente, reso ancora più godibile dalle performance di Lemmon che balla alla Travolta, da quel *That's Amore* del titolo cantato da Dean Martin e dai nuovi dispetti che Maria s'inventa a beneficio degli insopportabili vicini: ancora una volta è il cinema americano ad ingegnarsi per rendere merito alla bellezza e al talento di Sophia. Molto più di quello italiano.

La parentesi seduttiva si chiude presto. Diretta dall'attore-regista francese Roger Hanin, che qui rivive la sua infanzia di ebreo sefardita in Algeria, Sophia è la coraggiosa e tenace maman Titine Levy, protagonista di *Soleil*, alle prese con cinque figli da crescere e coi loro sogni da non deludere. Un'altra madre coraggio, dunque, e un'altra vestaglietta in cotonina con la II guerra mondiale a fare da sfondo: è il cinema che la costringe a ripetersi e ad autocitarsi, lei lo asseconda docile ma ogni volta s'industria a declinare con sfumature nuove e diverse le infinite forme dell'essere donna.

C'è una lunga pausa, dopo *Soleil*. Un malore durante un viaggio aereo, il cuore che fa i capricci, forse qualcosa di più. Sophia non c'è neppure alla Mostra del cinema di Venezia del '98, a ritirare il

reason to bury the hatchet and join forces. The film is funny, flowing, and likeable, and it's made even more so by Lemmon's John Travolta-style jig to the strains of Dean Martin's That's Amore, *as well as Maria's constant tricks at her insufferable neighbours' expense. Once again, an American film adapts itself to perfectly showcase Sophia's beauty and talent in a way Italian films simply couldn't match.*

But this was only a brief "seductive" phase. The French actor and director Roger Hanin worked with Sophia on Soleil. *With this film, Hanin relives his Jewish Sephardi infancy in Algeria, and Sophia plays the brave, determined maman Titine Levy: a woman raising five children, nourishing and encouraging their dreams. Basically it's another courageous mother role, and again she wears shabby cotton clothing against a World War II backdrop: the industry wanted endless repeat performances from Sophia, knowing that such self-referencing sold tickets by the bucket-load. Sophia docilely played along, but each time she would give subtle new shades to her characters; fresh perspectives that represented the infinite facets of being a woman.*

Loren took a long break after Soleil. *In 1998 she was taken ill with heart problems, which may or may not have been serious, according to whichever sources one chose to believe. Consequently, she didn't make it to that year's Venice Film Festival to pick up her Golden Lion award for Lifetime Achievement. The men of the house*

Matrimonio all'italiana
1964

Marriage Italian-Style
1964

Leone d'Oro alla carriera vanno gli uomini di casa. E al marito Carlo, tra le lacrime che premono per sgorgare, tocca leggere la breve lettera di ringraziamento che lei ha scritto. Questa volta la diva fa la Diva e sceglie d'essere invisibile, affidando l'unica forma di presenza ad *Una giornata particolare*: l'ha selezionato lei, il film da proiettare, ha preferito farsi vedere sconfitta e fragile, con una bravura d'intelligenza, senza il formidabile paracadute della bellezza, lontana dallo splendore prepotente degli anni giovani. Ha scelto il film del pudore e delle passioni vere, quelle che restano nel chiuso dell'anima.

Ma è nei tre uomini della sua vita che si specchia davvero la sua immagine. Di donna anzitutto. Di moglie fedele e di madre che ai figli è riuscita a dare quello che sognava sin da ragazzina: una famiglia unita, un padre da rispettare, la possibilità di studiare. In questa stessa edizione della Mostra, nella sezione Prospettive, Edoardo presenta *Liv*, la sua tesi del master in regia (preceduto da una laurea in letteratura inglese e scrittura creativa), un film di 38 minuti prodotto da Ponti, Altman e Antonioni, con gli attori che hanno lavorato gratis e le musiche offerte da Zbigniev Preisner (il compositore della *Trilogia* di Kieslowski, lo stesso che scriverà la colonna sonora di *Cuori estranei*). Ha un'aria riservata, Edoardo, persino timida, e accanto a lui si potenzia l'aura da bel tenebroso del fratello Carlo, il bambino che ha frequentato l'asilo a

had that honour, and, on the verge of tears, Carlo read out the brief letter of thanks she had written. Preferring to remain unseen, the diva for once actually behaved like a diva. She was, however, present in one way: she herself chose a film to be shown at the festival; something that would stand in for her. That film was Una giornata particolare. *She wanted to be seen defeated and fragile, but smart; without that safety net that was her outstanding beauty, and far from the resplendent swagger of her youth. The film she chose was the one that contained both her modesty and true passions, those that lay shut in the very deepest part of the soul.*

Her public image was reflected in the three most important men in her life. That image was as a woman first and foremost. But also as a faithful wife, and a mother who managed to provide her children with that which she had dreamed of in her own childhood: a united family, a respectable father, and the chance of a decent education. In the very same edition of the Venice Film Festival, Edoardo presented Liv, his Direction Master's thesis (preceded by a Degree in English Literature and Creative Writing). Liv was a 38-minute film produced by Ponti, Altman, and Antonioni, in which the actors worked for free, and the score was done – again, for free – by Zbigniev Preisner (the composer who worked on Kieslowski's Three Colours trilogy, and who would also compose the soundtrack for Between Strangers). Edoardo has always been of a somewhat reserved disposition; a little shy, even. This fact further accentu-

Al teatro Eliseo durante la prima della
commedia teatrale Zio Vania
1956

At the Eliseo theatre during
Zio Vania premiere
1956

New York, che seguiva corsi di pittura all'età in cui i suoi coetanei giocavano a pallone nei cortili, che si faceva ritrarre niente meno che da Kokoschka nello studio di Basilea. Non è un uomo di cinema, Carlo jr: la sua strada l'ha trovata nella musica, ha studiato da conductor fra Los Angeles e Vienna, allievo prediletto di Mehli, il papà di Zubin Mehta, e fra due anni diventerà direttore principale della San Bernardino Orchestra, poi anche direttore associato dell'Orchestra nazionale russa. E assieme alla moglie, la violinista ungherese Andrea Meszaros, farà di Sophia la più orgogliosa delle nonne accanto ai nipotini Vittorio (un nome scelto nell'affettuoso ricordo di De Sica) e Lucia Sofia, la figlia di Edoardo e dell'attrice californiana Sasha Alexander. Mentre con orgoglio di mamma, nel 2005, la Loren siederà fra il pubblico che applaude in Carlo Ponti jr il conductor dell'Orchestra del Maggio fiorentino.

Il ritorno alle scene è con *Francesca e Nunziata*, di nuovo un Tv-movie e di nuovo con Lina Wertmuller alla regia. La Francesca che Sophia interpreta tocca il record d'essere madre di nove figli, e fa pure voto di adottarne un altro (un'orfana, la Nunziata del titolo) in cambio della guarigione della sua piccola Nanà. Realizzato con gran dispendio di mezzi e girato in buona parte in quella location naturale che è l'isola di Procida, lo sceneggiato racconta cinquant'anni di storia attraverso una saga

ates his brother's dark, handsome quality. Carlo Jr. had attended kindergarten in New York, and had begun taking art classes when other kids his age were playing football in alleyways, going on to have his portrait done by none other than Kokoschka, in his Basle studio. Carlo Jr. wasn't a man of cinema: he found his vocation in music. He studied to be a conductor in Los Angeles and Vienna, becoming a favourite pupil of Mehli Mehta (father of Zubin Mehta). In two years' time he would become music director of the San Bernardino Orchestra, and later still, an associate conductor of the Russian National Orchestra. Together with his wife – the Hungarian violinist Andrea Meszaros – he would make Sophia the proudest of all grandmothers with her grandchildren Vittorio (an affectionate homage to De Sica) and Lucia Sofia, the daughter of Edoardo and the Californian actress, Sasha Alexander. And in 2005, Loren would sit with the public and applaud Carlo Ponti Jr with a mother's pride, in his role as conductor of the Maggio Fiorentino Festival Orchestra.

Sophia made her screen return with Francesca e Nunziata, *another TV-movie directed by Lina Wertmuller. In her role as Francesca, Sophia plays a record-breaking mother with nine children, who opts to adopt a tenth (an orphan, Nunziata) so that her little Nanà may be cured of her illness. Filmed at a huge cost, and shot largely in the natural location provided by the island of Procida, the film tells of a family saga across a fifty-year period*

Cocktail a Villa Florio
1963

During a party at Villa Florio
1963

di famiglia; accanto alla Loren, vestita di curatissime mise e incorniciata da grandi cappelli, ci sono Giancarlo Giannini, Raoul Bova e Claudia Gerini. Il ritorno al cinema vero è invece con *Cuori estranei*, opera prima di Edoardo Ponti che intanto si è fatto le ossa come aiuto alla scuola di Michelangelo Antonioni. La presenza di Sophia dà un'indubbia mano al figlio che però s'è già aiutato da solo mettendo su un cast all star che annovera Klaus Maria Brandauer, Mira Sorvino, Gérard Depardieu, Malcom McDowell. La storia intreccia le vicende di tre donne, molto diverse tra loro e sconosciute l'una all'altra, tutte però legate da un difficile rapporto col padre; il finale dispensa sentimentalismo in dosi generose ma l'obiettivo vero del secondogenito di casa Ponti sembra piuttosto un'apertura fiduciosa alla speranza.

Gli anni successivi proseguono fra televisione e cinema minore: *La terra del ritorno* è una storia di povertà, emigrazione e segreti di famiglia, *Vendredì et Robinson* la reinvenzione dell'avventurosa storia di Daniel Defoe, *Peperoni ripieni e pesci in faccia* l'ennesimo pastiche targato Wertmuller, una pellicola dalla gestazione lunga e dalla realizzazione travagliata che si regge soprattutto sul talento interpretativo di Sophia Loren e di Murray Abraham. Una bella chance sembra essere invece la trasposizione cinematografica del musical *Nine*, scritto da Bob Fosse e Anthony Minghella e a sua volta tratto dal mitico *Otto e mezzo* di Fellini con Daniel Day-Lewis

of history. Loren – impeccably dressed and topped off by some extravagant hats – stars alongside Giancarlo Giannini, Raoul Bova, and Claudia Gerini. But her true return to cinema came with Between Strangers. *This was Edoardo Ponti's first feature-length film, having first gained experience as Michelangelo Antonioni's assistant. Sophia's presence undoubtedly gave the film's promotion a helping hand, but Edoardo had been savvy enough to put together an all-star cast including the likes of Klaus Maria Brandauer, Mira Sorvino, Gérard Depardieu, and Malcolm McDowell. The film weaves together the stories of three different women who don't know each other, but who are all linked by their difficult relationship with their fathers. The ending is awash with sentimentality, but Ponti's real objective is a positive portrayal of hope and trust.*

The following years saw Loren in a series of television and minor cinema roles: Lives of the Saints *is a story of poverty, emigration, and family secrets;* Vendredì et Robinson *is a fresh look at Defoe's classic adventure story;* Peperoni ripieni e pesci in faccia (Too Much Romance... It's Time for Stuffed Peppers) *is Wertmuller's umpteenth pastiche; a film whose protracted making was beset with difficulties from day one, and it's carried only by Sophia Loren and Murray Abraham's acting talent. A big hit for Sophia may be just around the corner, with the film version of the hit musical* Nine. *Written by Bob Fosse and Anthony Minghella, this new take on Fellini's legendary 8½ stars Daniel*

nel ruolo di Guido, il regista in crisi creativa immortalato nel '63 da Marcello Mastroianni, e uno stuolo di attrici di fama (accanto a Sophia che ha il ruolo della madre del regista, la donna bellissima e unica della quale nessuna potrà essere all'altezza, ci sono Nicole Kidman, Penelope Cruz, Judy Dench, Kate Hudson, Marion Cotillard) ad impersonare le tante donne che hanno fatto parte della sua vita. Il regista è Rob Marshall, premio Oscar per *Chicago*; le riprese sono state girate fra l'Inghilterra, Roma e il suo litorale dove gli stilisti Dolce e Gabbana hanno aggiunto un piccolo cameo, entrambi vestiti da preti. Il film sarà nelle sale a fine 2009 ma le indiscrezioni rimbalzate sulla stampa anticipano una nuova performance canora della Loren e una suggestiva ripresa romana dell'attrice e di Day-Lewis fra piazza del Popolo e dintorni, a bordo della storica Alfa bianca.

Ma naturalmente non finisce qui. Nell'attesa della prossima interpretazione (nell'aria c'è l'adattamento televisivo della biografia scritta da sua sorella Maria, *La mia casa è piena di specchi*), Sophia amministra con cura la sua immagine. Dosa le presenze con misura, ma senza stare troppo a risparmiarsi. Gira il mondo a ricevere premi e a consegnarne, si fa ammirare come madrina ai festival cinematografici e al carnevale di Tenerife, presiede concorsi di bellezza, fa da testimonial al varo di ogni nuova nave da crociera della sorrentina Msc o inaspetta-

Day-Lewis in the role of Guido, the director suffering from writer's block; a character immortalized in '63 by Marcello Mastroianni. A whole host of major league actresses play the various women who'd somehow been a part of the director's life: Nicole Kidman, Penelope Cruz, Judy Dench, Kate Hudson, and Marion Cotillard all appear alongside Sophia, who plays the director's mother, the one and only real meaning of beauty to him, its essence and height. Rob Marshall, an Oscar winner for Chicago, directs. The film was shot in England, and on the shores and city of Rome, with a cameo appearance from the designers Dolce and Gabbana, both dressed as priests. Nine is released towards the end of 2009, but press leaks already hint at another tuneful performance from Loren, as well as a suggestive scene in Rome, as the actress and Day-Lewis dash around the city in the historic white Alfa Romeo from the original film.

And it doesn't end there. Whilst we await the advent of her next role (there's a chance of seeing a television adaptation of the her sister Maria's biography, La mia casa è piena di specchi), Sophia takes great care of her public image. She tries to be seen neither too much, nor too little. She travels around the world collecting awards and giving them out, appearing as a special guest at various film festivals and the carnival at Tenerife; she presides at beauty contests, is present for the launching of each new cruise ship of the Msc company, from Sorrento, and occasionally makes unexpected appearances,

tamente inaugura la stagione dei saldi da Harrods. In fascia azzurra riceve la cittadinanza onoraria di Pozzuoli, in total black da gran sera quella attribuitale dal comune di Sorrento insieme alle chiavi (d'oro) della città. Oppure compare in una nuova campagna pubblicitaria: la prima l'aveva fatta da ragazzina, con una mozzarella che da una sua interpretazione cult prese il nome di "Pizzaiola", poi ha proseguito alternando con nonchalance pellicce, prosciutti e telefonini, veri e propri minifilm costruiti intorno a lei, ma anche iniziative di beneficenza come "l'ultima buona azione della lira" (una dettagliata premessa a favore della ricerca sul cancro e poi, in conclusione, un suadente: "E faciteme 'stu piacere, jà") e, vent'anni prima, le foto fattele da Avedon a favore dell'American Cancer Society. Passando per l'inaugurazione, ed è stata la prima volta nella storia della bandiera olimpica, dei Giochi dell'edizione 2006 a Torino, alla testa di una pattuglietta di donne celebri, o ancora per i cinque scatti (in lingerie nera e orecchini gioiello, incorniciata dalle lenzuola di seta e dalla chioma fluente) di The Cal, il calendario Pirelli. È il 2007 e l'attrice ha già compiuto i 72 anni: il record è assoluto e si capisce com'è che Robert DeNiro, incrociandola durante l'ennesima premiazione, le urli convinto: "Sophia, ti voglio sposare!". Lei ringrazia con una gran risata, come seguendo la sceneggiatura di un ininterrotto film nel quale interpreta la parte di se stessa. Ossia quanto di più grande e duraturo

such as when she inaugurated the Harrod's sale in 1999. She was made an honorary citizen of Pozzuoli, sporting a blue band at the ceremony, and when she received the keys to the city of Sorrento, her ensemble was an elegant, all-black affair. Sometimes she appears in new ad campaigns. She'd done her first one as a young girl for a brand of mozzarella, which gained the nickname "Pizzaiola" after Sophia's cult performance in L'oro di Napoli. Loren continued to nonchalantly juggle ads for furs, ham, and mobile phones: all veritable mini-films built around her. But she has also advertised for charities; she gives a charming, dialectical performance in the TV ad for "l'ultima buona azione della lira" ("The lira's last good deed"), a charity working for cancer research. And we shouldn't forget that twenty years earlier she'd also had her picture taken by Richard Avedon for the benefit of the American Cancer Society.

During the opening ceremony of the 2006 Turin Winter Olympics, she led a march of famous women round the track – a first for the Olympics. Then came her five shots in The Cal, the Pirelli calendar, wearing black lingerie and jewel-encrusted earrings, floating amidst silk sheets and a luscious head of hair. This was 2007, the year of Loren's seventy-second birthday. No-one was surprised when Robert De Niro came across her at one of the many award shows she attending, and exclaimed "Sophia, I want to marry you!". Laughing merrily, she thanked him for his compliment, as if she were following the script of that uninterrupted film in which she plays

La miliardaria
1960

The Millionairess
1960

l'Italia del cinema e dello spettacolo sia riuscita a generare e ad esportare.

Gli anni le hanno insegnato una costante sottrazione - di trucco, di gioielli, di gesti – che è la cifra della sua vita privata, in linea con l'austera casa nel cuore di Ginevra dove da tempo ha scelto di abitare lasciandosi definitivamente alle spalle la stagione delle ville, dei ritratti posati, dello sfarzo: è in Svizzera che Sophia si gode il piacere di essere nonna o di una partita a carte, è lì che legge, vede film, esamina copioni. Ed è da lì che trae la sottile vena di distacco che s'intuisce sotto le mise d'alta moda e le acconciature impeccabili di quando lascia Ginevra e porta in giro il suo mito, ancora più unico in un'epoca, qual è quella attuale, in cui troppo spesso si diventa famosi per un capriccio del caso o per un indovinato battage mediatico, senza alcuna eccezionalità né fisica né professionale. Ma a tratti la ragazza che è stata reclama la sua parte, ed ecco ricomparire a sorpresa la pizzaiola o la smargiassa: in una battuta in dialetto, nel gesticolare delle mani, in un sorriso che si apre spontaneo, in un istintivo moto di timidezza. O quando si mischia fra la gente, in un bagno di folla che ogni volta si ripete, per difendere la sua terra perennemente minacciata, e poco cambia che si tratti del bradisismo o dell'emergenza rifiuti. Perché il miracolo della sua bellezza ancora da copertina è superato soltanto dal miracolo di un'anima rima-

herself; the biggest, most lasting Italian film export the country has ever managed to successfully produce.

The years have taught her to tone down certain things, such as make-up, jewellery, gestures. This is now the way she leads her private life, and it's in keeping with her austere house in the heart of Geneva. She has long since left behind the era of villas, portraits, and excessive magnificence: in Switzerland, Sophia enjoys the simple pleasures of being a grandmother, reading, a game of cards; and it's where she watches films and looks at scripts. This is also where she draws her inspiration and forms that protective barrier that one senses just under the surface of her fashionable clothing and impeccable hair, the one she takes with her whenever she leaves Geneva. And when she travels, she takes the legend of Sophia with her, too; an ever more unique legend in a current era in which fame is all too often the reward for a whim of fate, or well-planned media hype by chancers with no physical qualities or professional talent. But every now and then the girl that once was makes a cameo, and we are treated to the swaggering pizzaiola of old: it's in a hand gesture, a quip in dialect, a spontaneous smile, or perhaps an instinctive display of timidity. We see it when she fights alongside her fellow countrymen and women to protect her land, a place constantly under threat, be it from seismic activity or waste management crises. Because the miracle of her beauty – even now worthy of any magazine

sta genuina, ancora capace di appassionarsi e di indignarsi. E sempre legata da un amore quasi devoto a quel mestiere di attrice che l'ha salvata dalla fame ma soprattutto le ha permesso di esprimere i mille volti che ha dentro di sé. Senza rinunciare a quello segreto, tutto suo, imprendibile anche dopo sessant'anni passati a fare un lavoro e una vita da star, sotto i riflettori e sotto gli occhi di tutti. Sta qui, il suo essere Diva. Forever.

cover – is surpassed only by the miracle of a soul that has remained genuine, still capable of feeling passion and indignation in equal measure. She is still devoutly bound by love to the profession that saved her from a life of poverty, but which first and foremost allowed her to express her countless hidden facets. All this without ever relinquishing that secret side that is hers and hers alone; the one she couldn't be forced to give up even after sixty years living and working as a star, under the spotlights and in the gaze of the whole world. Therein lies the secret of being a Diva. Forever.

FILMOGRAFIA
Filmography

1950   Cuori sul mare, *Giorgio Bianchi*
       Cuori sul mare* ("Film-Romanzo")
       Il voto, *Mario Bonnard*
       Io sono il Capataz, *Giorgio Simonelli*
       TotòTarzan, *Mario Mattoli*
       Le sei mogli di Barbablù, *Carlo Ludovico Bragaglia*
       Non posso amarti* ("Sogno")

1951   Il giardino di Allah* ("Cine Illustrato")
       Principessa in esilio* ("Sogno")
       Quo vadis, *Mervyn LeRoy*
       Luci del varietà (Variety Lights), *Alberto Lattuada & Federico Fellini*
       Il padrone del vapore, *Mario Mattoli*
       Milano miliardaria, *Marino Girolami, Marcello Marchesi & Vittorio Metz*
       Lebbra bianca, *Enzo Trapani*
       Il mago per forza, *Marino Girolami, Marcello Marchesi & Vittorio Metz*
       Era lui… sì! sì!, *Marino Girolami, Marcello Marchesi & Vittorio Metz*

1952   Prigioniera di un sogno* ("Cine Illustrato")
       L'adorabile intrusa* ("Sogno")
       Anna, *Alberto Lattuada*
       È arrivato l'accordatore (And Arrived the Accordatore), *Duilio Coletti*
       Il sogno di Zorro (I Dream of Zorro), *Mario Soldati*
       La Favorita (The Favorite), *Cesare Barlacchi*
       Ergastolo, *Luigi Capuano*
       La tratta delle bianche (Ship of condemned women), *Luigi Comencini*

1953   Africa sotto i mari (Africa under the Seas), *Giovanni Roccardi*
       Aida, *Clemente Fracassi*
       La domenica della buona gente (Good Folk's Sunday), *Anton Giulio Majano*
       Ci troviamo in galleria, *Mauro Bolognini*
       Il paese dei campanelli (Ces voyous d'hommes), *Jean Boyer*
       Un giorno in pretura (A day in court), *Steno*
       Pellegrini d'amore (Pilgrim of Love), *Andrea Forzano*

*   Fotoromanzo - *Picture Stories*
**   Docufilm
*** Film TV - *TV movie*

1954 Due notti con Cleopatra (Two nights with Cleopatra), *Mario Mattoli*
Attila flagello di Dio, *Pietro Francisci*
Tempi nostri (The Anatomy of Love), *Alessandro Blasetti & Paul Paviot*
Miseria e nobiltà (Poverty and Nobility), *Mario Mattoli*
Carosello napoletano (Neapolitan Carousel), *Ettore Giannini*
L'oro di Napoli (The Gold of Naples), *Vittorio De Sica*
Peccato che sia una canaglia (Too Bad She's Bad), *Alessandro Blasetti*
La donna del fiume (The River Girl), *Mario Soldati*

1955 Il segno di Venere (The Sign of Venus), *Dino Risi*
La bella mugnaia (The Miller's Beautiful Wife), *Mario Camerini*
Pane, amore e… (Scandal in Sorrento), *Dino Risi*

1956 La fortuna di essere donna (What a Woman!), *Alessandro Blasetti*

1957 Boy on a Dolphin (Il ragazzo sul delfino), *Jean Negulesco*
The Pride and the Passion (Orgoglio e passione), *Stanley Kramer*
Legend of the Lost (Timbuctù), *Henry Hathaway*

1958 Desire Under the Elms (Desiderio sotto gli olmi), *Delbert Mann*
The Key (La chiave), *Carol Reed*
The Black Orchid (Orchidea nera), *Martin Ritt*
Houseboat (Un marito per Cinzia), *Melville Shavelson*

1959 That Kind of Woman (Quel tipo di donna), *Sidney Lumet*

1960 Heller in Pink Tights (Il diavolo in calzoncini rosa), *George Cukor*
It Started in Naples (La baia di Napoli), *Melville Shavelson*
The Millionairess (La miliardaria), *Anthony Asquith*
A Breath of Scandal (Olympia), *Michael Curtiz*
La ciociara (Two women), *Vittorio De Sica*

1961 El Cid, *Anthony Mann*
Madame Sans-Géne, *Christian-Jacques*

1962 Boccaccio '70 (ep. La riffa), *Vittorio De Sica*
I sequestrati di Altona (The condemned of Altona), *Vittorio De Sica*
Le couteau dans la plaie (Il coltello nella piaga), *Anatole Litvak*

1962 Lykke og krone**, *Colbjorn Helander & Stein Saelen*

1963 Ieri, oggi, domani (Yesterday, Today, Tomorrow), *Vittorio De Sica*
      Showman**, *Albert & David Maysles*

1964 Visitando a las estrellas**, *Julian de La Flor*
      The Fall of the Roman Empire (La caduta dell'impero romano), *Anthony Mann*
      Matrimonio all'italiana (Marriage Italian-Style), *Vittorio De Sica*

1965 Operation Crossbow (Operazione Crossbow), *Michael Anderson*
      Love Goddesses**, *Saul J. Turell*
      Lady L, *Peter Ustinov*
      Judith, *Daniel Mann*

1966 Arabesque, *Stanley Donen*

1967 A Countness from Hong Kong (La contessa di Hong Kong), *Charles Chaplin*
      C'era una volta (More than a Miracle), *Francesco Rosi*
      Questi fantasmi (Ghosts - Italian Style), *Renato Castellani*

1970 I girasoli (Sunflower), *Vittorio De Sica*

1971 La moglie del prete (The Priest's Wife), *Dino Risi*
      La mortadella (Lady Liberty), *Mario Monicelli*

1972 Bianco, rosso e…, *Alberto Lattuada*
      Man of La Mancha (L'uomo della Mancha), *Arthur Hiller*

1974 Brief Encounter (Breve incontro), *Alan Bridges*
      Il viaggio (The Voyage), *Vittorio De Sica*
      Le verdict (L'accusa è violenza carnale e omicidio), *André Cayatte*

1975 Poopsie & Co. (La pupa del gangster), *Giorgio Capitani*
      Un sorriso, uno schiaffo, un bacio in bocca**, *Mario Morra e Enrico Lucherini*

1976 The Cassandra Crossing (Cassandra Crossing), *George Pan Cosmatos*

1977 Una giornata particolare (A special day), *Ettore Scola*
      Angela - Il suo unico peccato era l'amore… il suo unico amore era il figlio (Angela), *di Boris Sagal*

1978 Fatto di sangue fra due uomini per causa di una vedova (si sospettano moventi politici),
     (Blood Feud), *Lina Wertmuller*
     Brass Target (Obiettivo "Brass"), *John Hough*

1979 Firepower (Bocca da fuoco), *Michael Winner*

1980 Sophia, Her Own Story***, *Mel Stuart*

1984 Qualcosa di biondo (Aurora)***, *Maurizio Ponzi*

1985 Viva Sofia***, *Stefano Ferrari*

1986 Courage (Madre coraggio)***, *Jeremy Paul Cagan*

1988 The Fortunate Pilgrim (Mamma Lucia)***, *Stuart Cooper*
     La ciociara***, *Dino Risi*

1990 Sabato domenica e lunedì***, *Lina Wertmuller*

1994 Prêt-à-porter – Ready to Wear (Prêt-à-porter), *Robert Altman*

1995 Grumpier Old Men (That's amore – Due improbabili seduttori), *Howard Deutch*

1997 Soleil, *Roger Hanin*

2001 Francesca e Nunziata***, *Lina Wertmuller*

2002 Cuori estranei (Between Strangers), *Edoardo Ponti*

2004 Lives of the Saints (La terra del ritorno)***, *Jerry Ciccoritti*

2005 Vendredi et Robinson, *Yvan Le Moine*

2006 Peperoni ripieni e pesci in faccia (Too much romance... it's time for stuffed peppers), *Lina Wertmuller*

2009 Nine, *Rob Marshall*

Marinella Carotenuto è nata e vive in Campania. Giornalista ed editor, è nel comitato di redazione della rivista *Narrazioni* e da quasi quindici anni collabora col quotidiano *Il Mattino*; in precedenza è stata corrispondente provinciale dell'Agi (Agenzia Giornalistica Italia) e del quotidiano *La Repubblica*. Cura incontri con autori, sia scrittori che registi, ed è spesso presente in giurie per corti e sceneggiature (*MiniScript, Le parole tra noi leggère lèggere, ArtEstate, MitreoFilmFestival*).

Di cinema ha iniziato ad occuparsi sin dagli anni dell'università, alla facoltà di Sociologia della Federico II a Napoli, organizzando cineforum e rassegne e curando una rubrica di settore sul periodico *Metrò*. Dopo una prima produzione saggistica di impianto socio-antropologico (*I valori dell'associazionismo di base*, 1990; *A tavola coi santi*, 1991) ha focalizzato i suoi interessi sulla sociologia dell'arte e della comunicazione e si è indirizzata professionalmente verso il giornalismo al quale ha però sempre affiancato l'attenzione per il cinema attraverso rubriche di recensioni e curiosità cinefile (*La dolce vita*,'93-97; *Cinefollia*, 2000-01), relazioni a convegni e pubblicazione di saggi (*Remember the Duke*, 1989; *Il cinema dei bambini*, 1989; *L'invasione dell'evasione*, 1990; *Le parole delle donne*, 1990; *La sua Africa*, 1991; *Buon compleanno*, 1995; *Cento anni di emozioni*, 1996; *Pasolini, il Decameron e Casertavecchia*, 2001; *Più prezioso di così. Cinema & gioielli*, 2001; *Il cinema che cura*, 2002; *In una sera di fine autunno, una donna di cinema in un teatro*, 2003; *In principio fu il violino*, 2007; *La leggerezza del pensiero femminile nelle arti*, 2008). Per Mediane ha curato la voce *Napoli tra canzoni, cinema e teatro* nel volume *'O sole mio* (2008).

Marinella Carotenuto

Marinella Carotenuto was born and still lives in Campania (southern Italian region). Journalist and editor, she's in Narrazioni *magazine board and also a writer on* Il Mattino *newspaper for a good fifteen years ; prior to that she's been the local correspondent for Agi (Italian Journalistic Agency) and* La Repubblica *newspaper. She's behind many public meetings with authors, writers and directors and also sits in many panels for short films and screenplays.* (MiniScript, Le parole tra noi leggère, ArtEstate, MitreoFilmFestival).

A film pundit since her college years as sociology major at Federico II in Naples, organizing screenings and discussions as well as supervising a cinema segment on Metrò *magazine. After a first socio-anthropological essay production* (I valori dell'associazionismo di base, 1990; A tavola coi santi, 1991) *she has been focusing more on art and communication sociology as well as professional journalism with a specific emphasis on all cinema related topics.* (La dolce vita,'93-97; Cinefollia, 2000-01), *also panelist at many meetings and essay events* (Remember the Duke, 1989; Il cinema dei bambini, 1989; L'invasione dell'evasione, 1990; Le parole delle donne, 1990; La sua Africa, 1991; Buon compleanno, 1995; Cento anni di emozioni, 1996; Pasolini, il Decameron e Casertavecchia, 2001; Più prezioso di così. Cinema & gioielli, 2001; Il cinema che cura, 2002; In una sera di fine autunno, una donna di cinema in un teatro, 2003; In principio fu il violino, 2007; La leggerezza del pensiero femminile nelle arti, 2008).

For Mediane she edited Napoli tra canzoni, cinema e teatro *in the volume* 'O sole mio (2008).